Armin Himmelrath

Hausaufgaben – Nein Danke!

Armin Himmelrath

HAUSAUFGABEN NEIN DANKE!

Warum wir uns so bald wie möglich von den Hausaufgaben verabschieden sollten

hep der bildungsverlag

der bildungsverlag
www.hep-verlag.com

Armin Himmelrath

Hausaufgaben – Nein Danke!

Warum wir uns so bald wie möglich

von den Hausaufgaben verabschieden sollten

ISBN Print: 978-3-03822-017-6

ISBN E-Book: 978-3-03822-020-6

Bibliografische Information der Deutschen Nationalbibliothek:
Die Deutsche Nationalbibliothek verzeichnet diese Publikation
in der Deutschen Nationalbibliografie; detaillierte bibliografische
Daten sind im Internet über http://dnb.dnb.de abrufbar.

1. Auflage 2015

www.hep-verlag.com

Vorwort

32 Jahre Schulunterricht und damit auch 32 Jahre Hausaufgaben – auf diesen Erfahrungswert komme ich bis heute, was die Schulkarrieren meiner Kinder angeht. Jahre, in denen sie widerwillig und motzend am Küchentisch saßen und mich mit ihrer Lustlosigkeit zur Verzweiflung brachten. Jahre, in denen sie sich in ihre Zimmer zurückzogen, angeblich zum Erledigen der Hausaufgaben, um dann am nächsten Morgen doch noch ganz erschrocken festzustellen: „Oh, für Mathe hatte ich ja auch noch etwas auf!" In denen sie gelegentlich bei Diskussionen die Frage stellten: „Warum können wir nicht viel weiter außerhalb der Stadt wohnen? Dann hätte ich Zeit, meine Aufgaben im Bus zu erledigen." In denen die Lehrer schriftlich und bei Sprechtagen mit mahnend gerunzelter Stirn darauf hinwiesen, dass die Sorgfalt beim Erledigen der Hausaufgaben doch etwas zu wünschen übrig lasse. Und in denen meine Kinder nicht selten, vor allem in jüngeren Jahren, regelrechte Telefonkonferenzen mit ihren Klassenkameraden veranstalteten, um herauszufinden, wie denn eine bestimmte Aufgabe eigentlich gemeint sei. Nein, viele Anlässe, sich über Hausaufgaben zu freuen, gab es aus meiner Perspektive als Vater nicht. Irgendwie waren sie halt zu erledigen, das entsprach schließlich auch meiner eigenen, schon länger zurückliegenden Schulerfahrung: Hausaufgaben müssen sein, gehören einfach zum Unterricht dazu und machen keinen Spaß.

Aber muss das wirklich so sein? Müssen sie wirklich als didaktisches Dogma Teil des Schullebens sein, unverrückbar und unhinterfragbar? Irgendwann setzte sich dieser Zweifel fest und je mehr ich zum Thema Hausaufgaben las und recherchierte, desto deutlicher wurde eine absurde Situation: Ja, die Hausaufgaben gehören zur Schule dazu – und nein, überzeugende Beweise dafür, dass sie etwas bringen, gibt es so gut wie gar nicht. All die schönen Floskeln vom eigenständigen Lernen und Arbeiten, von der Vertiefung des zuvor Gehörten, vom Festigen des Unterrichtsstoffs sind genau das: Floskeln, mit denen die Wirkungslosigkeit eines pädagogisch unsinnigen Instruments zugekleistert wird.

Es ist Zeit, die Hausaufgaben ganz grundsätzlich in Frage zu stellen. In Zeiten der Ganztagsschule besteht endlich die Chance, diesen Unsinn zu beenden – ein Schritt, der eigentlich schon vor Jahrzehnten hätte passieren sollen. Und um endlich zu eigenständigen Lernformen zu finden, von denen die Kinder, die Lehrer und die Eltern gleichermaßen profitieren.

Köln, im Oktober 2015

Armin Himmelrath

„Die Schulen haben von ihrem Einfluss und ihrer Anerkennung sehr verloren und an Misliebigkeit beim Publicum sehr zugenommen, seit sie so viel Gewicht auf häusliche Aufgaben gegeben und so ihr Lehrgeschäft ganz und gar ins elterliche Haus gelegt haben."

Karl Gottfried Scheibert (1803-1898), Direktor der Stettiner Friedrich-Wilhelms-Schule

Hausaufgaben – der kaum hinterfragte Standard

Vier Monate keine Hausaufgaben – die Wittmann-Studie aus den 1960er Jahren

Der Versuch war revolutionär, die tiefe Skepsis zu erwarten. Vier Monate lang ließ der Mülheimer Erziehungswissenschaftler Bernhard Wittmann Schüler aus dritten und sechsten Klassen in Duisburg in zwei Fächern keine Hausaufgaben machen. Die eine Hälfte bekam das Hausaufgabenverbot in Mathematik, die andere im Fach Deutsch bei Aufgaben zur Rechtschreibung. Kein Wunder, dass sich während des Versuchs immer mal wieder besorgte Eltern bei den Klassenlehrern meldeten: Ob es denn wirklich sein könne, dass die Kinder schon seit Wochen keine Matheaufgaben mehr bekommen hätten?

Wittmann wollte mit seinem Versuch und den sich anschließenden Leistungstests überprüfen, wie viele Fortschritte Hausaufgaben beim Lernen tatsächlich bringen. Und er kam, nach Auswertung der Testaufgaben, zu einem eindeutigen Resultat: „Hausaufgaben besitzen keinen materialen Bildungswert", stellte der Pädagoge fest, „Hausaufgaben bewirken keinen Zuwachs an Kenntnissen und Fertigkeiten bei den Schülern."

Bernhard Wittmann konnte belegen, dass nach dem viermonatigen Versuch die Drittklässler ohne Rechtschreibaufgaben im Rechtschreiben nicht schlechter waren als die Schüler, die Deutschaufgaben erhalten hatte. Auch im Fach Mathematik gab es keine Leistungsunterschiede zwischen Klassen mit und ohne Rechenaufgaben.

Die Schülerinnen und Schüler der 7. Klasse ohne Matheaufgaben zeigten sogar durchgängig bessere Leistungen als die Schüler, die Hausaufgaben im Rechnen hatten erledigen müssen; bei den Hausaufgaben zur Rechtschreibung jedoch waren zwei von drei Schulklassen mit Hausaufgaben besser als die Klassen ohne Hausaufgaben.

Dabei handelt es sich bei der Duisburger Schulstudie mitnichten um eine aktuelle Untersuchung. Bernhard Wittmann hatte seine Versuche zur Leistungssteigerung durch Hausaufgaben bereits 1958 durchgeführt und ein paar Jahre später als Buch veröffentlicht[1], 1965 berichtete der „Spiegel" unter dem Titel „Spielerische Entleerung"[2] darüber. Aus heutiger Sicht, mit dem Abstand von mittlerweile 50 Jahren, klingen die seinerzeit vorgebrachten Argumente zum Sinn und Unsinn von Hausaufgaben beklemmend aktuell: Von Förderung und Stärkung der Schüler reden die Befürworter und preisen die Hausaufgaben gar als probates Mittel gegen Lehrermangel und zu viel Stoff im Curriculum; vor nervlicher und zeitlicher Überbeanspruchung der Schülerinnen und Schüler warnen dagegen die Hausaufgaben-Skeptiker, verweisen auf überforderte Eltern und kommen aus juristischer Sicht gar zu dem Schluss, dass Hausaufgaben den Tatbestand des Hausfriedensbruchs erfüllen, weil sie außerhalb der Schule stattfinden und nicht unter den gesetzlichen Schulzwang fallen. Knapp fünf Jahrzehnte später – zur Bildungsmesse „didacta" im Jahr 2013 – wird Elternvertreter Hans-Peter Vogeler vom Bundeselternrat feststellen: „Hausaufgaben sind Hausfriedensbruch. Überlegen Sie mal, wie viel Streit in eine Familie kommt durch Hausaufgaben, und wie das Zusammenleben beschädigt wird – dann wissen Sie, warum ich es pointiert Hausfriedensbruch nenne." Vogeler kommt allerdings zu einer insgesamt differenzierten Bewertung: „Wenn Hausaufgaben in einem Kontext sind, wenn sie eingebettet sind in Zusammenhänge und damit auch umgegangen wird und die Kinder auch erkennen, welchen Sinn es machen kann und wozu sie dienen können, dann kann man darüber reden."

Doch zurück in die 1960er Jahre und zu Bernhard Wittmanns Studie mit Ruhrgebietsschülern. Zu der Untersuchung gehörten damals nämlich nicht nur die Leistungstests in Deutsch und Mathematik nach vier Monaten ohne Hausaufgaben, sondern auch eine Umfrage unter Eltern, Lehrern und Schülern zum Thema. Dabei bewerteten 96 Prozent der insgesamt 1567 befragten Schülerinnen und Schüler Hausaufgaben als „nötig" und „nützlich". Der Pädagoge allerdings hielt das für keine ehrliche Aussage:

„Vater oder Mutter, aber auch die Lehrperson oder größere Geschwister sagen, Hausaufgaben seien notwendig", so Wittmann, und dadurch würden die Kinder massiv beeinflusst, denn sie übernähmen „fast ausschließlich die Einstellung und Motivierung der Umgebung". Doch den klaren wissenschaftlichen Erkenntnissen zum Trotz sollte es noch lange – sehr lange – dauern, bis die Debatte über den Sinn und Unsinn von Hausaufgaben wieder aufgenommen wurde.

Die Hausaufgaben-Debatte der 1980er Jahre

1982, also 22 Jahre später, war es erneut der „Spiegel", der das Hausaufgabenthema aufgriff – in Form einer Titelgeschichte („Schularbeiten – Alptraum der Familie") und unter der plakativen Überschrift „Hausaufgaben sind Hausfriedensbruch"[3]. Da war die Rede von Schülern, die mehr Stunden pro Woche beschäftigt waren als ihre Vollzeit arbeitenden Eltern; von strengen und leistungsorientierten Vätern und Müttern, die ihren Nachwuchs zu Hause noch durch zusätzliche Übungsstunden triezten, damit sie nur ja gute Schulleistungen erreichten; von der vermeintlichen alten Weisheit, dass nur Übung den Meister mache. Und schon damals, vor über 30 Jahren, stellten die Autoren fest: „Wissenschaftler haben erhebliche Zweifel an der gängigen Hausaufgaben-Praxis." Die Frage muss erlaubt sein: Warum um alles in der Welt hören wir dann heute immer noch dieselben, schon lange widerlegten Argumente? Warum sind die Hausaufgaben nicht längst flächendeckend abgeschafft, besser noch, schulgesetzlich verboten worden?

Argumente hätte es schon Anfang der 1980er Jahre genug gegeben – und zwar nicht nur auf der Ebene individueller Anekdoten von Schülerinnen und Schülern, die täglich an Nachmittagen und Abenden unter der Last von mehrstündigen schulischen Arbeitsaufträgen stöhnten, sondern auch von wissenschaftlicher und schulpraktischer Seite. So hatte die Arbeitsstelle für Schulentwicklungsforschung an der Universität Dortmund schon damals herausgefunden, dass ein Fünftel aller Schüler täglich mehr als zwei Stunden für die Erledigung der Hausaufgaben benötigte; dass fast die Hälfte der Schüler zwischen einer und zwei Stunden täglich zu Hause über den Schulbüchern saß; dass sogar knapp 40 Prozent der Grundschüler mindestens eine Stunde lang Hausaufgaben machen mussten.

1980 hatte hatte ein Kölner Erziehungswissenschaftler in einer anderen Studie verglichen, wie sich ein unterschiedliches Hausaufgabenpensum bei Schülerinnen und Schülern in deren schulischen Leistungen niederschlug – nämlich so gut wie gar nicht. Und einige der Schüler mit vielen Aufgaben schnitten sogar schlechter ab, mutmaßlich wegen Arbeitsüberlastung. „Im Grunde unzumutbar" sei diese Arbeitsbelastung, schimpfte der Hildesheimer Psychologieprofessor Dieter Lüttge damals. Doch allen erziehungswissenschaftlichen Erkenntnissen zum Trotz konnten sich die Hausaufgabenkritiker mit ihren Einschätzungen nicht durchsetzen – unter anderem auch wegen der Eltern, die ja selbst in aller Regel mit Hausaufgaben als selbstverständlichem Teil des Schullebens aufgewachsen sind und bis heute zusammen mit den Lehrern zur stärksten Lobbygruppe gegen die Veränderung der Hausaufgabenpraxis gehören. Eigentlich erstaunlich, denn die heutigen Eltern gehörten in den frühen 80er Jahren mit einiger Wahrscheinlichkeit genau zu der Generation von Schülerinnen und Schülern, die im „Spiegel"-Artikel über die hohe Arbeitsbelastung klagten.

Heutige Mütter und Väter übernehmen damit Positionen, die schon ihre Eltern bezogen haben. So berichtet der Artikel über eine Umfrage unter Eltern einer Gesamtschule im rheinland-pfälzischen Kastellan, bei der 71 Prozent der Erziehungsberechtigten davon überzeugt waren, dass „die Fülle des Stoffes nicht zu bewältigen" sei, wenn die Kinder keine Hausaufgaben zu erledigen hätten. Und bei einer Untersuchung des Pädagogen Thomas Hardt aus Münster[4], für die er 1978 knapp 1000 Eltern von Kindern aus den Klassen sechs und neun befragt hat, zeigen sich sogar mehr als 95 Prozent der Mütter und Väter davon überzeugt, dass Hausaufgaben nützlich sind. Ein knappes Drittel der Eltern hält sie sogar für „unbedingt notwendig". Dass Hausaufgaben dazu dienen, den Schulstoff zu vertiefen und sich einzuprägen und dass sie darüber hinaus das selbstständige Arbeiten trainieren, ist für die allermeisten der Befragten völlig klar. „Und neun von zehn Eltern halten Hausaufgaben auch für geeignet, dem Kind Ordnung und Arbeitsdisziplin beizubringen", heißt es in dem aufschlussreichen Artikel.

Weitgehend ausgeblendet wurde offensichtlich schon damals, was für eine enorme Zumutung Hausaufgaben für die Familien bedeuten – dass sie, damals wie heute, Stress und Spannungen auslösen, Konflikte heraufbeschwören und ganz nebenbei den Eltern die Verantwortung für das Gelingen der kindlichen Schullaufbahn in einem Maß aufbürden, wie das aus schulpädagogischer Sicht zwar seit Jahrhunderten praktiziert wird, erziehungswissenschaftlich aber kaum seriös zu begründen ist. Dass Eltern die Hausaufgaben wahlweise überwachen oder miterledigen, sich für die schulische Heimarbeit verantwortlich fühlen und als unangenehme Antreiber ihrer Kinder auftreten, ist kein neues Phänomen und war auch vor fünf Jahrzehnten bereits gang und gäbe. Wo heute die Rede von überehrgeizigen Helikopter-Eltern ist, spottete 1982 der Hamburger Erziehungswissenschaftler Wolfgang Schulz über „Diplommütter", die die Förderung ihrer Kinder als „Management" verstünden – ein Begriff, der zumindest damals so gar nicht zur Vorstellung von Kindheit passte. Und ein Beamter des Düsseldorfer Kultusministeriums formulierte während der Recherche der „Spiegel"-Reporter jenen schon erwähnten Schlüsselsatz, der bis heute Gültigkeit hat: „Hausaufgaben sind Hausfriedensbruch." Der hessische Ministerpräsident Holger Hörner nannte die Eltern wegen deren selbstverständlicher Eingebundenheit in die

Hausaufgabenerledigung „Hilfslehrer der Nation", für den Tübinger Pädagogikprofessor Walther Eifreund waren sie gar die „Sklaven unserer Schulen". Der Erziehungswissenschaftler wählt scharfe Worte: „Sie sind es, die sich von einem steinzeitlichen Ausbildungssystem terrorisieren lassen, sich aber trotzdem arrangieren, weil sie ja ihre Kinder – koste es, was es wolle – irgendwann durch die Schule bringen müssen." Eltern als Getriebene eines Bildungssystems, die sich dem Druck auf ihre Kinder nicht entgegenstellen, sondern ihn noch verstärken – das klingt nicht unbedingt nur nach Anfang der 1980er Jahre.

Vielleicht aber ist so zu erklären, dass viele Eltern diese Erwartungshaltung der Schule einfach adaptierten und sich zu willfährigen Handlangern der Lehrerinnen und Lehrer machten: Sie entwickelten selbst den Ehrgeiz, dass ihre lieben Kleinen besonders gut und erfolgreich sein sollten. Und befürworteten und unterstützten dann die Hausaufgaben, diesen flächendeckenden und massiven Zeitdiebstahl an der Freizeit der Kinder. So bewerteten 56 Prozent der befragten Eltern in der Studie von Thomas Hardt die Tatsache, dass ein Kind pro Tag weniger als eine Stunde Hausaufgaben erledigen muss, als Indiz dafür, dass dieses Kind von der Schule nicht ausreichend gefordert wird.

Schließlich wird Eltern seit Jahrzehnten, wenn nicht seit Jahrhunderten, eingetrichtert, dass das häusliche Pauken am Nachmittag, in den Abendstunden und am Wochenende irgendwie der Reifung und Bildung der Kinder dient und dass die Hausaufgaben eine wichtige erzieherische Wirkung haben. Nur – welche das sein soll und ob sie tatsächlich eintritt, diesen Nachweis haben die Anhänger der Hausaufgaben nie geführt. Es reichte ihnen stets, mit schwammigen Formulierungen die Festigung des Erlernten zu beschwören und darauf zu verweisen, dass es schließlich schon immer so gemacht worden sei und dass die eigene Hausaufgabenzeit ja wohl niemandem geschadet habe. Eine Aussage, die bezweifelt werden darf – die aber in ihrer unspezifischen Belanglosigkeit fast wie ein Totschlagargument wirkt (und so ja auch wirken soll).

Versuche der Aufklärung hat es immer wieder gegeben. So etwa durch den Lehrer Nilmar Schwemmer, der 1980 das Buch „Was Hausaufgaben anrichten" herausbrachte, in dem er mit zahlreichen Beispielen und Erfahrungen aus seiner Arbeit die Folgen von Hausaufgaben schildert[5]. Intensiv setzt er sich mit „der Fragwürdigkeit eines durch Jahrhunderte verewigten Tabus in der Hausaufgabenschule unserer Zeit" auseinander, befragte fast 500 Schülerinnen und Schüler und wertete die Bestimmungen der Bundesländer in der damaligen BRD aus. Schwemmers Fazit war eindeutig: Hausaufgaben sind „eine latente Gefahr für den Aufbau positiver, den Lern- und Erziehungsprozess begünstigender Beziehungen", zusätzlich stellen sie „eine Beeinträchtigung der physischen Gesundheit der Schüler [dar], weil sie deren Rekreationsphase erheblich verkürzen und den notwendigen Bewegungsausgleich zur Sitzbeanspruchung während des Unterrichts einschränken". Außerdem seien die Aufgaben „eine ständige Gefährdung der moralischen Entwicklung der Schüler, weil sie negative Verhaltensreaktionen wie das Lügen und Betrügen provozieren können" – dann nämlich, wenn es darum geht, ob die Schüler die Aufgaben denn alle alleine geschafft haben. Doch auch ohne diese negativen Auswirkungen bei den Kindern und in deren Familien fehle die didaktische Grundlage für Hausaufgaben, argumentiert Schwemmer: Das Gießkannenprinzip der Hausaufgaben, bei dem alle den gleichen Arbeitsauftrag erhalten, könne schon wegen des individuellen Lerntempos und der unterschiedlichen Konzentrationsfähigkeit der Schülerinnen und Schüler nicht funktionieren. Die Aufgaben seien deshalb ein von Lehrerinnen und Lehrern oft völlig falsch eingeschätztes, weil „äußerst schwierig zu handhabendes methodisches Instrument". Mit anderen Worten: Liebe Kolleginnen und Kollegen, lasst besser die Finger davon!

Schwemmer bestätigte damit Untersuchungen früherer Jahrzehnte, die den Sinn von Hausaufgaben schon in Zweifel gezogen hatten. Dazu gehören beispielsweise Studien, mit denen der pädagogische Experimentalpsychologe Ernst Meumann Ende des 19. Jahrhunderts begann. Meumann hatte bereits als Lehrer gearbeitet, bevor er 1891 promovierte und sich danach als Schüler von Wilhelm Wundt in Leipzig habilitierte. 1896 wurde er als Professor an die Universität Zürich berufen, wo er das Psychologische Laboratorium aufbaute und immer wieder Leistungsexperimente, unter anderem mit Schülern, durchführte. Die Vorlesungsverzeichnisse der Universität belegen, wie stark Meumann an experimentell erhobenen Daten interessiert war: Im Wintersemester 1898 bot er einen „Praktischen Kursus in der experimentellen Psychologie" an, im Sommersemester 1900 ein „experimentell-psychologisches Praktikum im psychol. Laboratorium". In dieser Zeit entstand auch eine Studie, die Ernst Meumann 1904 veröffentlichte. In dieser Publikation stellt er fest, dass die Leistungen von Schülern, wenn sie sie zu Hause und im Rahmen der Hausaufgaben erbrachten, „nach der materialen und formalen Seite im Durchschnitt beträchtlich minderwertiger" waren als die Lösungen, die die Kinder in der Schule während des Unterrichts erarbeitet hatten. Meumann führte das auf zwei wesentliche Gründe zurück: Einerseits sei in der häuslichen Umgebung die Selbstmotivation viel schwerer zu erreichen, andererseits gebe es einen natürlichen „Gesellschaftstrieb" des Kindes, das Aufmunterung durch den Lehrer brauche, nicht aber „Dreinreden" und Ablenkung durch Geschwister oder Eltern. Bei den Hausaufgaben vergaßen die Kinder „öfter als in der Klasse das Großschreiben der Anfangswörter der direkten Rede" und ließen „doppelt soviel Buchstaben und nahezu doppelt soviel Wörter aus wie in der Klasse". Deshalb, so Ernst Meumann, sei es „prinzipiell verwerflich, dass man der Hausarbeit auch nur die Befestigung der in der Schule erworbenen Kenntnisse überlassen will".

Das Hausaufgabenproblem ist uralt – ein historischer Rückblick

Dabei ist die Debatte über die Hausaufgaben sogar noch viel älter und die Hausaufgabe als pädagogisches Instrument mitnichten eine Erfindung des 19. oder 20. Jahrhunderts: Schon in Schulordnungen aus dem 15. Jahrhundert werden die häuslichen

Arbeitspflichten der Schülerinnen und Schüler erwähnt und geregelt. Sie dienten schon damals dazu, die Kinder, so der Anspruch, das selbstständige Arbeiten einüben und den in der Schule behandelten Stoff eigenständig nacharbeiten und vertiefen zu lassen. Allein das zusätzliche Quantum an Lernzeit, so die dahinterstehende Idee, werde die Lernergebnisse schon verbessern und die Kinder disziplinieren – Dogmen, die jahrhundertelang nicht mehr hinterfragt wurde. Als dann 1592 im Herzogtum Pfalz-Zweibrücken weltweit erstmals flächendeckend die Schulpflicht für Jungen und Mädchen eingeführt wurde, gehörten auch die Hausaufgaben zum Standard – und wurden fortan als nicht mehr angezweifeltes pädagogisches Instrumentarium in nahezu allen späteren Schulgesetzen übernommen.

Ein Beispiel von vielen: Der „Entwurf einer neuen Schulordnung für die gelehrten Anstalten Württembergs, verfaßt und mit höherer Genehmigung dem Druck übergeben von der hierzu beauftragten Commission von Schulmännern"[6]. Zehn solcher „Schulmänner", vom „Präzeptor zu Brackenheim" über den „Rector des Lyceums in Tübingen" bis zum „Professor am Gymnasium zu Rottweil", hatten das 210-Seiten-Werk 1847 in Stuttgart geschrieben und ein Jahr später veröffentlicht; die „höhere Genehmigung" kam vom „Königl. Ministerium des Innern und des Kirchen- und Schulwesens". Stolz vermeldeten die Autoren im Vorwort des Buches ihr Arbeitstempo: „Die Commission trat im April 1847 zusammen und vollbrachte das ihr aufgetragene Geschäft in 24 Tagen und 22 Sitzungen". Ein ganz ähnliches Pensum wollte sie wohl auch den Schülerinnen und Schülern in Württemberg zumuten. So sollten die Erstklässler 20 wöchentliche Unterrichtsstunden erhalten, danach steigerte sich die Stundenzahl bis zur 7. und 8. Klasse auf 34 Schulstunden pro Woche. Damit aber war es längst nicht getan: „Die dem Singen, Zeichnen und Turnen gewidmete Zeit ist unter diesen Unterrichtsstunden nicht begriffen."

Ganz selbstverständlich gingen die Verfasser dabei vom Konzept einer Ganztagsschule aus, nur die Nachmittage am Mittwoch und Samstag waren unterrichtsfrei. Dazu kamen obendrein noch die Hausaufgaben – im Schulordnungsentwurf als „Privatarbeit" bezeichnet und genau nach Schuljahren und Alter der Kinder aufgeschlüsselt:

Die Privatarbeit beträgt

1) am vollen Schultag

im 1sten Schuljahr (6ten bis 7ten Lebensjahr)...	0	Stunden
im 2ten bis zum 4ten Schuljahr (7ten bis 10ten Lebensjahr...	1	Stunden
im 5ten und 6ten Schuljahr (10ten bis 12ten Lebensjahr)...	1 1/2	Stunden
im 7ten und 8ten Schuljahr (12ten bis 14ten Lebensjahr)...	2	Stunden
an denjenigen Tagen jedoch, wo 3 Stunden lang Nachmittagsschule ist, bei allen Schülern nur...	1 bis 1 1/2	Stunden.

2.) Am Mittwoch

im 1sten Schuljahr (6ten und 7ten Lebensjahr)...	0	Stunden
im 2ten Schuljahr (7ten und 8ten Lebensjahr)...	1	Stunden
im 3ten und 4ten Schuljahr (8ten bis 10ten Lebensjahr)...	1 1/2	Stunden
im 5ten und 6ten Schuljahr (10tes bis 12tes Lebensjahr)...	2	Stunden
im 7ten und 8ten Schuljahr (13tes bis 14tes Lebensjahr)...	2 1/2	Stunden

3.) Über den Sonnabend und Sonntag

im 1sten Schuljahr (6tes bis 7tes Lebensjahr)...	0	Stunden
im 2ten Schuljahr (7tes und 8tes Lebensjahr)...	1	Stunden
im 3ten und 4ten Schuljahr (9tes bis 10tes Lebensjahr)...	2 bis 3	Stunden
im 5ten und 6ten Schuljahr (11tes und 12tes Lebensjahr)...	3 bis 4	Stunden
im 7ten und 8ten Schuljahr (13tes und 14tes Lebensjahr)...	4 bis 5	Stunden

Die Privatarbeiten sind auf das den Kräften jeder Altersstufe entsprechende Maß zu beschränken, über welches sich die Lehrer oder Lehrercollegien mit den Vorständen, beziehungsweise mit den Lokalschulbehörden, zu einigen haben.

„Die Privatarbeit beträgt …"

1. Schuljahr (6–7 Jahre)	„am vollen Schultag"	0 Stunden
	„am Mittwoch"	0 Stunden
	„über den Sonnabend und Sonntag"	0 Stunden
2.–4. Schuljahr (7–10 Jahre)	„am vollen Schultag"	1 Stunde
2. Schuljahr	„am Mittwoch"	1 Stunde
2. Schuljahr	„über den Sonnabend und Sonntag"	1 Stunde
3.–4. Schuljahr (8–10 Jahre)	„am Mittwoch"	1,5 Stunden
3.–4. Schuljahr	„über den Sonnabend und Sonntag"	2-3 Stunden
5.–6. Schuljahr (10–12 Jahre)	„am vollen Schultag"	1,5 Stunden
	„am Mittwoch"	2 Stunden
	„über den Sonnabend und Sonntag"	3-4 Stunden
7.–8. Schuljahr (12–14 Jahre)	„am vollen Schultag"	2 Stunden
	„am Mittwoch"	2,5 Stunden
	„über den Sonnabend und Sonntag"	4-5 Stunden

Zwar machten die Verfasser des Entwurfs eine einschränkende Bemerkung: „Die Privatarbeiten sind auf das den Kräften jeder Altersstufe entsprechende Maß zu beschränken, über welches sich die Lehrer oder Lehrercollegien mit den Vorständen, beziehungsweise mit den Lokalschulbehörden, zu einigen haben." Doch rein rechnerisch konnten 14-jährige Schülerinnen und Schüler demnach auf ein erhebliches Arbeitspensum kommen: 34 Schulstunden und drei angenommene Stunden in „Singen, Zeichnen und Turnen" ergeben 37 Schulstunden oder 27 (Zeit-)Stunden und 45 Minuten; mit weiteren 15 Stunden Hausaufgaben kamen sie damit auf knapp 43 Stunden Schulzeit pro Woche. Vielen Eltern heutiger Ganztagsschüler dürften solche Rechnungen zur wöchentlichen Arbeitsbelastung ziemlich bekannt vorkommen.

Ein weiteres Beispiel findet sich in der Schulordnung der Lateinschule zu Bayreuth, erlassen im Jahr 1446: „Alle nacht sollen die Kinder scripturas schreiben, iren latein den elttern anheim sagen. vnd an dem morgen die schriefft in der schule weisen und ire latein wider aufsagen"[7]. Die Schülerinnen und Schüler sollten also während ihrer Zeit außerhalb der regulierten Schulstunden keinesfalls Freizeit haben oder gar auf dumme Gedanken kommen, sondern fleißig weiter die lateinische Sprache lernen, und zwar so gut, dass die Ergebnisse am nächsten Tag in der Schule überprüfbar waren. Mit solchen Regelungen wurde jedenfalls die Basis gelegt für ein schulpolitisches und pädagogisches Dogma, das bis heute scheinbar kaum hinterfragt wird: dass Hausaufgaben gut und sinnvoll sind. Und dass sie letztlich pädagogischen Zielen dienen.

Nur: Stimmt das tatsächlich? Die Schulforscherin Ilse Nilshon hat sich bereits mehrfach mit dem Thema Hausaufgaben beschäftigt, unter anderem als Verfasserin des 1999 veröffentlichten Gutachtens „Hausaufgaben und selbständiges Lernen"[8]. Und in dieser Studie zeichnet sie eine faszinierende historische Entwicklung nach. Im Laufe der Zeit wurden die Hausaufgaben sehr wohl immer mal wieder als pädagogisches Instrument in Frage gestellt – und immer wieder wurden diese zum Teil sehr fundierten Einwände abgebügelt, übergangen oder totgeschwiegen. Beispiele dafür, vor allem aus den 1960er und 1970er Jahren, finden sich unter anderem in den oben schon zitierten Spiegel-Artikeln. Den im Rückblick schärfsten Angriff auf die Institution Hausaufgaben jedoch gab es nach Nilsohns Recherchen bereits vor mehr als 100 Jahren. 1889 nämlich erschien die deutsche Ausgabe des Buches „Schulhygienische Untersuchungen", verfasst von Axel Key.

Der schwedische Professor, ein Zeitgenosse Alfred Nobels, war Rektor der Pathologischen Anatomie am Karolinska-Institut in Stockholm und ab 1882 fünf Jahre lang auch Mitglied des Schwedischen Parlaments, wo er sich unter anderem im Ausschuss für Hochschulfragen engagierte. Einen thematischen Schwerpunkt seiner Veröffentlichungen bildete ab Mitte der 1880er Jahre die Gesundheit von Schulkindern. So argumentierte er beispielsweise in dem Artikel „School Life in Relation to Growth and Health"[9], dass die Belastung „durch moderne Unterrichtsmethoden zu Hause und in

der Schule" hochgradig gefährlich für die kindliche Gesundheit sei: „In jedem entwickelten Land Europas wird immer schärfer die Frage des Einflusses des bestehenden Schulsystems auf die heranwachsende Jugend diskutiert", schreibt Key. Es sei klar, „dass die Belastungen durch Arbeit, die die Kinder unter den bestehenden Schulregularien zu tragen haben, weit über das erträgliche Maß hinausgehen, und dass diese Belastungen zu einem großen Teil verantwortlich sind für die Krankheitsneigung von Schulkindern." Zu Hause zu erledigende Arbeiten schloss er in seine auch heute noch lesenswerten Betrachtungen ausdrücklich mit ein.

In seinem Buch hatte Key auch die Forderung aufgestellt, dass Kindern ausreichend Schlaf zugestanden werden müsse: 14-jährige brauchten nach seinen Erkenntnissen neun Stunden pro Nacht, 15-jährige achteinhalb und 16-jährige acht Stunden Schlaf. Das Buch lieferte „der Gruppe der Hausaufgabengegner weitere Argumente, da die Realität diesen Schlafenszeiten nicht gerecht wurde und die Hausaufgaben diesen unhaltbaren Zustand mit verursachten", rekapituliert Ilse Nilshon. Und so meldeten sich um 1890 die Kritiker der Hausaufgabenpraxis flächendeckend zu Wort: In Leipzig und Kassel, Hamburg und auch in Österreich gingen sie mit wissenschaftlichen Publikationen und (schul-)politischen Forderungen an die Öffentlichkeit. Schon damals musste man sich gegen eine reformverweigernde Das-war-schon-immer-so-Haltung etablierter Pädagogen, Eltern und Politiker behaupten – und die Auseinandersetzung um Sinn und Unsinn der Aufgaben dauerte damals gleich mehrere Jahrzehnte. So forderte etwa Friedrich Dittes, früherer Leiter des Wiener Pädagogiums, dass die tägliche Hausaufgabenzeit von zwei bis drei Stunden reduziert werden müsse. Dittes' Worte hatten durchaus Gewicht. Der 1829 in Sachsen geborene Pädagoge studierte und arbeitete in Plauen, Leipzig und Chemnitz, bevor er zunächst als Schulrat nach Gotha und 1868 in die Schulverwaltung nach Wien kam. Zu diesem Zeitpunkt hatte sich Friedrich Dittes bereits einen Namen als Schulreformer gemacht, und so legte er sich auch in Österreich schnell mit den bestehenden Strukturen, vor allem aber mit dem Klerus an, dessen Einfluss auf die Schule und die Pädagogik er beschränken wollte. Obwohl er mit seinem Ansinnen Erfolge hatte, zog sich der Pädagoge 1881 aus der Schul- und Bildungsverwaltung zurück und konzentrierte sich bis zu seinem Tod 15 Jahre später auf die Herausgabe pädagogisch-wissenschaftlicher Artikel und Zeitschriften. Dittes verstand sich dabei bis zum Schluss als kritischer Begleiter der bestehenden Schulpraxis, wie unter anderem seine Positionierung in der Hausaufgabendebatte zeigt.

Auch in Deutschland waren die Thesen von den gesundheitsschädigenden Auswirkungen der Hausaufgabenpraxis um 1900 auf fruchtbaren Boden gefallen. „Die in den Erlassen für das preußische Schulwesen geforderten Zeitspannen, die für unterschiedliche Klassenstufen differieren, stellten selbst schon eine Kritik der gängigen Hausaufgabenpraxis dar", schreibt Ilse Nilshon. Doch der gesetzliche Anspruch auf weniger Hausaufgaben ließ sich in der täglichen Schulpraxis nicht durchsetzen: Die Lehrer ignorierten die Vorschriften zur Begrenzung der Aufgaben einfach und hebelten sie damit erfolgreich aus. 1904 schreibt Hugo Gaudig in seinem Buch „Didaktische Ketzereien" bereits süffisant vom „Kampflärm, der sich um die Überbürdung erhoben hat"[10]. Im selben Jahr kommen Mediziner beim Kongress für Schulhygiene in Nürnberg unter anderem zu der Erkenntnis, dass 15-jährige Schüler mit einer „Gehirnarbeit" von bis zu zehn Stunden am Tag überfordert seien. Das erfordere schnelle Konsequenzen im Schulalltag: „Darnach müßten die zwangsmäßigen Hausarbeiten im ganzen und überhaupt abgeschafft, ihr Pensum in die Schulstunden aufgeteilt und so eine reinliche Scheidung von Schule und Heim vorgenommen werden"[11]. Den Schülern bleibe wegen der Hausaufgaben kaum noch Zeit für die Entwicklung individueller Anlagen, denn sie stünden unter permanentem seelischen Druck.

Doch damit war die mittlerweile bereits fünfzehn Jahre alte Debatte keineswegs beendet. Der Dresdner Lehrer Gustav Schanze hatte auf demselben Nürnberger Kongress bereits einen Vortrag gehalten, in dem er sich sehr ausführlich mit der Hausaufgabenfrage und dem Stand der damaligen Debatte befasste[12]. Zwei Aspekte, die die Hausaufgaben schon damals bestimmten, stellt Schanze dabei in den Mittelpunkt seiner Überlegungen: unterrichtliche und erzieherische Ziele. Beim Unterricht kam er zu folgendem Schluss: „Auch die Übung der Unterrichtsstoffe gehört in die Schule; die Beseitigung der Hausaufgaben würde dem Unterricht und seinen Erfolgen nicht nur keinen Schaden zufügen, sondern im Gegenteil förderlich sein, indem dadurch die Stoffmenge auf ein richtiges Maß gebracht würde." Lediglich beim Fremdsprachenlernen könne man sehr dosiert auf den „häuslichen Fleiß" der Schüler setzen, man müsse dabei aber sehr umsichtig nur das für zu Hause aufgeben, „was unumgänglich notwendig ist". Schriftlich angefertigte Übersetzungen von lateinischen Texten, stellte Gustav Schanze gleich klar, gehörten nicht zu diesen unumgänglich notwendigen Aufgaben. Sie seien vielmehr „eine unnötige und darum zu vermeidende Arbeit", die man viel besser mündlich in der Schule erledigen könne. Lediglich für ältere Schüler sei die häusliche Zusammenfassung von in der Schule gemeinsam gelesenen Stücken „von großem Nutzen" – zum besseren Verständnis dieser Stücke und ihrer Autoren und „für die Ausbildung eines geschmackvollen und gewandten Stils".

Im Hinblick auf die erzieherischen Folgen der Hausaufgaben redete sich Gustav Schanze damaligen Zuhörern zufolge regelrecht in Rage. Auch hier kam er zu dem Schluss: Sie müssen abgeschafft werden. Karl Roller zitiert in seinen Schilderungen längere Passagen der Rede des Dresdner Lehrers. Dabei wird deutlich, wie stark sich Schanze mit der wissenschaftlichen Literatur seiner Zeit befasst hatte und wie sehr er seine kritische Einstellung zu Hausaufgaben auf eine fundierte Basis stellen konnte. Gustav Schanze sagte: „Dr. Sulzbach äußert sich in dem vorhin zitierten in den ‚Rheinischen Blättern' enthaltenen Aufsatz hierzu folgendermaßen: ‚Jetzt kann jeder Rechenlehrer ohne Aufgaben vollständig sein Pensum absolvieren. Und gerade hier sollte jeder dies mit Freuden begrüßen, denn in keinem Gegenstande ist die häusliche Aufgabe so wenig Maßstab des Wissens und Könnens als gerade im Rechnen, weil hier am leichtesten ‚abgeschmiert' werden kann und ‚abgeschmiert' wird.' Robert Mönchgesang führt als moralische Bedenken unter anderem folgendes an: ‚Die häusliche Aufgabe führt zum Betrug.' Wer will's leugnen? Man denke doch an die zahllosen Schlüssel und geheimen Hilfsmittel bei den Übersetzungen. Nach Raydt – ‚Ein gesunder Geist in einem gesunden Körper', Hannover 1889 – gibt es keinen deutschen Gymnasiasten, der ohne streng verbotene Hilfsmittel seine häusliche Aufgabe anfertigt. Mit dem Betrug geht die Lüge Hand in Hand. Zahlreich sind die Beispiele hierfür. Schulhinterziehung! Hat der Knabe seine häuslichen Aufgaben nicht machen können, so versäumt er aus irgendeinem Grund die Schule. Mama bescheinigt dies sogar. Die häusliche Aufgabe züchtet die Angeberei und weckt den Neid. Namentlich bei überfüllten Klassen wird der eine Schüler bei der Revision übergangen, der andere gerügt, beide haben aber möglicherweise mit demselben Kraftaufwand gearbeitet. Dem einen glückt eine Täuschung, dem anderen zieht sie eine Bestrafung zu. Die häusliche Arbeit setzt Schule und Lehrer in Mißachtung. Die Familie beurteilt nach der Art der Revision der häuslichen Aufgabe die pädagogische Kapazität des Lehrers. Nach den unausbleiblichen, abfälligen und scharfen Urteilen bildet der Schüler sein geringschätzendes Urteil über Schule und Lehrer. Die Hausaufgaben sind mit Ausschluß derjenigen, die sich auf den fremdsprachlichen Unterricht beziehen, vom unterrichtlichen

Standpunkte aus als entbehrlich anzusehen; vom erziehlichen Standpunkte aus stiften sie mehr Schaden als Nutzen. Ihre Beseitigung ist daher erstrebenswert."[13]

Auch der Württembergische Gymnasiallehrerverein hatte sich auf zwei Landesversammlungen 1904 und 1905 mit dem Thema befasst; die dabei geführten Diskussionen griff Gustav Schanze in seinem Referat auf der „VII. Jahresversammlung des Deutschen Vereins für Schulgesundheitspflege" im Juni 1906 in seiner Heimatstadt Dresden noch einmal auf und leitete daraus einen Fünf-Punkte-Plan ab:

- „Hausaufgaben in Volksschulen sind vom unterrichtlichen Standpunkte aus als entbehrlich anzusehen.
- Vom erziehlichen Standpunkte aus betrachtet, können sie ebenso sehr schaden als nützen.
- Ihre Beseitigung ist daher aus hygienischen Gründen zunächst für die vier ersten Schuljahre zu erstreben.
- Für die vier oberen Schulstufen ist die Beschränkung der Aufgaben auf ein geringeres Maß (täglich nicht über 1/2 Stunde) wünschenswert.
- Dringend zu fordern ist die gänzliche Beseitigung sämtlicher Ferienaufgaben."[14]

Ein Jahr später legte Gustav Schanze noch ein weiteres Mal nach – und er fühlte sich dabei durchaus vom damaligen Mainstream der pädagogischen Debatte getragen. Tatsächlich hatte es um die Jahrhundertwende herum einen dramatischen Perspektivwechsel gegeben. Anders als es zuvor üblich war, versuchten Reformer wie Maria Montessori, der amerikanische Philosoph und Pädagoge John Dewey oder der schon genannte Axel Key, eine „Pädagogik vom Kinde aus" zu entwickeln, die auf eigene Aktivitäten als Basis des Lernerfolgs setzte und dabei grundlegende Bedürfnisse nach Abwechslung und Freizeit nicht unterschlug. Auch die sich etwa zeitgleich entwickelnde Arbeitsschulbewegung, die sich Anfang des 20. Jahrhunderts formierte und statt der bis dato üblichen obrigkeitshörigen Schule einen handlungsorientierten Unterricht mit Beteiligung der Schüler wollte, verurteilte Hausaufgaben als „Zwangsinstrumente der Schule". Einige Reformpädagogen, wie etwa der Münchener Professor Georg Kerschensteiner, versuchten, Hausaufgaben allenfalls als freiwillige Leistung der Schüler einzuplanen – ein Ansatz, der in einem hochgradig unfreiwilligen System wie der Schule kaum umzusetzen war. Gustav Schanze jedenfalls forderte 1907 noch einmal, dass die Hausaufgaben „aus den unmethodischen Händen der häuslichen Berater in die methodische Hand des Lehrers"[15] übergehen müssten. Den Einwand, dafür gebe es wegen des schon damals vollgestopften Stundenplans keine Zeit, entgegnete der Dresdner Lehrer, dann müsse eben der zu vermittelnde Stoff deutlich gestrafft werden. Und auch der angebliche Verlust an Lernmöglichkeiten durch den Wegfall des selbstständigen Arbeitens sei gar keiner, befand Schanze – schließlich würden Hausaufgaben letztlich ja nur zu Betrug, Fälschung und Täuschung führen.

Aktuelle Versuche zur Abschaffung der Hausaufgaben in der Schweiz

Es ist schon mehr als erstaunlich, dass es angesichts dieses jahrzehntelangen Diskussionsvorlaufs bis zum Jahr 1993 dauern sollte, bis im deutschsprachigen Raum erstmals eine Gebietskörperschaft flächendeckend Abstand vom jahrhundertelang gepflegten Hausaufgabenschreckgespenst nahm. Im schweizerischen Kanton Schwyz wurde damals, auch unter dem Eindruck immer neuer hausaufgabenkritischer Studien, vom Bildungsdepartement der Beschluss zum Ausstieg gefasst. Die Lerninhalte der Aufgaben, so die Vorgaben der Schulpolitik, seien fortan in die Unterrichtszeit zu integrieren; die Wochenstundenzahl für die Kinder wurde dafür um eine Stunde erhöht. Nicht nur die Schülerinnen und Schüler jubelten über die freie Zeit zu Hause, auch die Erziehungswissenschaftler und Schulforscher waren von der Abschaffung angetan – hofften sie doch, nunmehr erstmals auf breiter Basis zeigen zu können, wie stark sich die Schul- und Lernleistungen von Kindern mit und ohne „Ufzgi", wie die Hausaufgaben in der Schweiz genannt werden, tatsächlich unterscheiden. Erste Ergebnisse deuteten bald schon auf positive Folgen der Abschaffung hin (siehe unten).

Doch die Akteure hatten bei ihrer revolutionären Neugestaltung des Schulalltags einen Faktor unterschätzt: das Beharrungsvermögen einer überwiegend bildungskonservativ eingestellten Öffentlichkeit und Elternschaft. Ob die veröffentlichte Meinung tatsächlich den gesellschaftlichen Mehrheitsverhältnissen entsprach, sei dahingestellt – Fakt ist jedenfalls, dass der Druck der Öffentlichkeit durch kritische Medienberichte, Leserbriefe, Wortmeldungen in Gremien und Eingaben von Eltern so groß wurde, dass die Verantwortlichen 1997, also nach nur vier Jahren, eine Kehrtwende hinlegten und die Hausaufgaben im Kanton wieder einführten. Allerdings gibt es seither klare Vorgaben: Die kantonalen Bestimmungen für die Volksschule sehen vor, dass die Hausaufgaben individuell dem Lern- und Leistungsvermögen der Kinder angepasst werden müssen. Auch dürfen sie kein Ersatz für Übungsphasen während der Unterrichtszeit sein und, ganz wichtig: Es gibt nun zeitliche Obergrenzen. So sollen Schülerinnen und Schüler der ersten beiden Klassen nicht mehr als eine bis eineinhalb Stunden pro Woche Hausaufgaben machen müssen; die Belastung steigert sich mit zunehmendem Alter bis zu den Schülern der 7. bis 9. Klasse, für die maximal vier Stunden Hausaufgaben pro Woche vorgesehen sind.[16]

Die Debatte war damit freilich nicht erledigt, denn die ausführlichen Untersuchungen zur Abschaffung der Hausaufgaben wurden erst publiziert, nachdem sie bereits wieder eingeführt worden waren. So erschien im Jahr 2000 eine Auswertung von Tina Hascher und Franziska Bischof[17], in der die Forscherinnen die Leistungsentwicklung im Fach Mathematik von Viert- und Sechstklässlern in Schwyz und Zug vergleichen. Sie finden mit Blick auf die Kompetenz keine Unterschiede zwischen Kindern mit und ohne Hausaufgaben – wohl aber im Hinblick auf deren Befindlichkeit: Die aufgabenfreien

Schwyzer Kinder fühlten sich geringer belastet und höher motiviert als ihre Altersgenossen im Kanton Zug.

Obwohl die hausaufgabenfreie Zeit in Schwyz mittlerweile rund zwei Jahrzehnte zurückliegt, flackert die Debatte immer mal wieder auf. So ging im Herbst 2009 die Stadtzürcher Sozialdemokratische Partei mit einer Petition an die Öffentlichkeit, Titel: „Aufgabenstunden statt Hausaufgaben". Die SP argumentierte mit mangelnder Chancengleichheit bei den Hausaufgaben und plädierte dafür, „Aufgabenstunden" an den Schulen einzuführen – ganz so, wie das bereits vier Jahre lang in den 1990er Jahren gehandhabt worden war. Erneut erhob sich daraufhin ein öffentlicher Sturm der Entrüstung: Von „Zwang" für die Schülerinnen und Schüler und „Bevormundung der Eltern" war die Rede und davon, dass die Partei „die Kinder den Familien wegnehmen" wolle. „Das Gegenteil ist der Fall! Ihre Kinder werden von der Schule heimkommen und einfach nur Kind sein und keine Mini-Studentinnen und -Studenten", wehrte sich Lina Bär von der SP, „nicht alle Eltern haben studiert. Viele können dem Schulstoff ihrer Kinder nur schlecht oder gar nicht folgen. Dieser ungleichen Verteilung von Ressourcen wollen wir ein gerechtes Modell entgegensetzten."[18] Doch die Petition scheiterte. Wieder war das Beharrungsvermögen der Reformverweigerer zu groß – und das, obwohl mittlerweile auch einflussreiche Medien wie die „Neue Zürcher Zeitung" behutsam ins Lager der Reformer gewechselt waren. „Hausaufgaben: Ein ‚pädagogisches Ritual' überlebt", titelte die NZZ etwa im September 2013[19]. Autor Peter Krebs zitiert darin unter anderem den Kinderheilkundler und Autor von Erziehungsratgebern Remo Largo mit der klaren Hausaufgabenschelte „Sie bringen gar nichts. Schüler und Eltern werden damit nur schikaniert". Aber auch Gabriel Romano vom Institut Vorschulstufe und Primarstufe der Pädagogischen Hochschule Bern, für den Hausaufgaben nur ein „pädagogisches Ritual" ohne tieferen unterrichtlichen Sinn sind.

Krebs verweist zwar auf die Zusammenfassung Tausender weltweit erstellter Studien durch den neuseeländischen Bildungsempiriker John Hattie[20], der in seiner Metastudie den Hausaufgaben einen moderaten Lerneffekt zuschreibt. Auch lässt er in einem Interview den entschiedenen Hausaufgaben-Befürworter Alois Niggli zu Wort kommen. Der Freiburger Pädagogikprofessor stellt darin fest, dass Hausaufgaben „nicht generell wirkungslos" sind, „mit zunehmendem Alter können sie einen positiven Einfluss auf die Schulleistung haben, falls sie sorgfältig erledigt werden." Und „aus erzieherischen Gründen kann man sagen, dass die Kinder dank den Hausaufgaben mit der Zeit eine gewisse Selbständigkeit entwickeln können."[21] Doch Peter Krebs' Skepsis gegenüber einem unsinnigen Ritual ohne echten pädagogischen Wirkungsnachweis obsiegt letztlich. Er verweist auf Belastungen für das Familienleben, wenn Kinder die Hausaufgaben manchmal bis morgens vor dem Unterricht vor sich herschieben, und auf Eltern, die ihren Nachwuchs lieber auf teure – und hausaufgabenfreie – Privatschulen schicken, „um den Familienfrieden zu retten". Jürg Brühlmann vom Dachverband Schweizer Lehrerinnen und Lehrer empfiehlt deshalb genau das, was vor 20 Jahren im Kanton Schwyz bereits realisiert wurde: die Verlegung der Arbeit in die Schulen, den Wechsel von Hausaufgaben zu Schulaufgaben. Allerdings gibt er auch zu bedenken, dass damit über eine neue zeitliche Struktur des Schulunterrichts nachgedacht werden müsse: „Wir würden bis zu einem Achtel der Lernzeit verlieren."

Doch obwohl fachlich alles eindeutig in eine Richtung zu weisen scheint, gilt auch für die Schweiz, ebenso wie für Deutschland und Österreich: Die flächendeckende Abschaffung der Hausaufgaben und ihr Ersatz durch zusätzliche schulische Angebote liegen derzeit in weiter Ferne – nicht zuletzt wegen der finanziell schwierigen Lage vieler Kommunen, die zusätzliche Lehrkräfte für eine schulisch betreute Aufgabenhilfe bezahlen müssten, dafür aber kein Geld investieren können oder wollen. Die Befürworter einer Abschaffung der Hausaufgaben stehen damit vor einem kaum zu knackenden, doppelten Verteidigungsbollwerk der Pro-Hausaufgaben-Fraktion, das flapsig formuliert in etwa so klingt: „Erstens haben wir das schon immer so gemacht. Und selbst wenn wir uns durch sämtliche Studien, die den Hausaufgaben Nutzlosigkeit bescheinigen, beeindrucken ließen – was wir nicht tun! –, dann gäbe es doch kein Geld, um irgendetwas zu ändern." Veränderung kann also allenfalls, so scheint es, von unten nach oben passieren, mit engagierten Einzelakteuren, die den jahrhundertealten Unsinn mit den Hausaufgaben nicht mehr mitmachen wollen. Beispiele dafür gibt es – etwa in der Gemeinde Neuheim im Kanton Zug. Dort wurde vor einigen Jahren eine Eltern-Lehrer-Gruppe (ELG)[22] gegründet, die unter anderem zwei Mal pro Woche eine kostenlose Hausaufgabenbetreuung für Primarschulkinder anbietet. Die Vereinzelung der Hausaufgabensituation wird damit durchbrochen, qualifizierte Betreuer begleiten die Schülerinnen und Schüler bei ihren Aufgaben. Und dennoch ist das nur die zweitbeste Lösung, denn die Hausaufgaben an sich existieren ja weiter. Einen anderen Weg ist das Gymnasium Bäumlihof in Basel gegangen, dass die zu Hause zu bearbeitenden Aufgaben abgeschafft und durch Schulaufgaben ersetzt hat, die in der sogenannten individuellen Lernzeit erledigt werden[23], häufig zu Beginn des Tages. Ein innovatives Konzept, das vielleicht kein Wunder ist an einer Schule, die 2010 auch damit begonnen hat, ganze Klassen ohne einen traditionellen Stundenplan zu unterrichten. Es scheint, als könnte es in der Hausaufgabendebatte lohnend sein, öfter einmal in Richtung Schweiz zu blicken.

Mehr Probleme als Lösungen – Originaltöne von Lehrerinnen und Lehrern im Internetforum

Doch begeben wir uns zuvor noch einmal ein paar Jahrzehnte zurück, ins Jahr 1982, als der „Spiegel" die Hausaufgaben erstmals zum Titelthema machte[24]. Die Autoren – wie es damals bei dem Hamburger Nachrichtenmagazin üblich war, erschien auch dieser Text ohne Angabe der Verfasser – zeichneten nicht nur die historische Debatte um die Hausaufgaben nach, sondern nutzten gleich mehrfach die Gelegenheit, auch den Lehrerinnen und Lehrern eine deutliche Mitschuld am Aufgabendilemma zuzuweisen. So heißt es in dem Text unter anderem:

- „Die Schulpraxis läßt ein voll entwickeltes System fein abgestufter Eskalation erkennen, wenn die Hausarbeiten nicht so ausfallen, wie es der Lehrer wünscht: Wiederholung der Hausaufgabe, Verdoppelung der Hausaufgabe, Aufsatz über Sinn der Hausaufgaben, Klassenprotokoll führen, zu den Hausaufgaben drei Seiten aus einem Buch abschreiben, Verdreifachung der Hausaufgaben, Nachsitzen, Eintragung ins Klassenbuch, blauer Brief an die Eltern."

- „Was früher Strafarbeit hieß, wird heute häufig als Übungsarbeit kaschiert, frei nach dem Lehrermotto: ‚Was wir jetzt nicht schaffen, müßt ihr zu Hause machen.' Wenn Schüler aufbegehren, so geschehen an einem Dortmunder Gymnasium, kann es passieren, daß das Quantum kurzerhand verdoppelt wird. Und wenn die Arbeit einiger zu wünschen übrigläßt, wird auch schon mal, so geschehen in Latein am Gymnasium in Winsen bei Hamburg, die ganze Klasse zur Neuauflage verdonnert."

- „Der Kölner [Professor] Herff beobachtete, daß Pädagogen ‚zu fortlaufender Überschreitung der zulässigen Zeiten neigen', weil sie ihr Fach überbewerten."

Zitate, die zwar schon über 30 Jahre alt sind, die aber zumindest in Teilen bis heute zutreffen. Denn tatsächlich wissen wohl längst nicht alle Lehrerinnen und Lehrer, was sie mit ihren mitgegebenen Aufgaben auslösen und wie viel Zeit für deren Bearbeitung tatsächlich benötigt wird. Schon 1982 urteilte der Flensburger Lehrer und Buchautor Dieter Boßmann, Hausaufgaben seien lediglich „mit einem Riesenaufwand betriebene, sinnlose Handgelenksübungen der Kinder." Und auch das „voll entwickelte System fein abgestufter Eskalation" dürfte noch an mancher Schule zu finden sein – und das ist, ehrlich gesagt, auch nicht weiter verwunderlich. Denn bis heute spielt das Thema Hausaufgaben in der Ausbildung von Lehrerinnen und Lehrern kaum eine Rolle. Im Studium kommt es, wenn überhaupt, dann allenfalls am Rande vor. Erst im Referendariat bekommen die angehenden Pädagogen mit dem Thema zu tun. „Nur, intensiv behandelt wird das nicht", erzählte eine Referendarin aus Baden-Württemberg bei den Recherchen zu diesem Buch: „Alle gehen davon aus, dass Hausaufgaben der Normalfall sind. Und alle gehen davon aus, dass sie der Fortsetzung des Unterrichts zu Hause dienen und irgendwie nach gleichen oder ähnlichen Prinzipien funktionieren wie Stillarbeit in der Klasse. Eigens behandelt werden sie deshalb nicht, die sind einfach da und werden nicht mehr hinterfragt." Auf diese Weise werde angehenden Lehrern mehr oder weniger explizit beigebracht, dass die bestehende Hausaufgabenpraxis sakrosankt sei. Und deshalb ist es kein Wunder, dass es dann so schwer ist, dieses Dogma aufzuheben.

Ein Blick in die zahlreichen Internetforen für angehende Lehrerinnen und Lehrer macht schnell deutlich, wie überfordert die Referendare beim Thema Hausaufgaben sind und wie sehr sie selbst mit ihrer Rolle zu kämpfen haben. Der folgende Auszug ist ein Dialog mit in solchen Foren typischen Wortmeldungen. Er entwickelte sich, nachdem eine angehende Lehrerin zu Beginn des Schuljahres ihre Bitte um Hilfe im Forum veröffentlicht hatte. Alle Nicknames wurden geändert.

„Thema: Hausaufgaben

Anna: Gerade ist die zweite Woche halb rum und die ersten Probleme tauchen auf. Folgendes beschäftigt mich im Moment besonders: Ich habe eine 8. Klasse in Mathe (Gym). Vor ein paar Tagen gab ich die ersten Hausaufgaben auf. Prompt vergaßen sie 6 Schüler. Dafür haben sie für ihre Eltern eine Mitteilung mitbekommen, die sie unterschrieben wieder mitbringen sollten, mit den nachträglich angefertigten Hausaufgaben. Das klappte soweit ganz gut. Die erhoffte Wirkung, dass keiner mehr die Hausaufgaben komplett vergaß, trat ein. Dafür werden seitdem die Hausaufgaben von einigen nicht mehr vollständig gemacht („Ach, DAS sollten wir auch noch machen? Das habe ich nicht gesehen." „Ach, an DEN Zettel habe ich nicht mehr gedacht." Dabei stand es unübersehbar an der Tafel, und zusätzlich im Klassenbuch eingetragen.)

Ich könnte dafür auch eine Mitteilung an die Eltern schreiben. Das hätte dann aber wahrscheinlich zur Folge, dass die betreffenden Schüler dann vorgeben, sie hätten die Aufgaben nicht verstanden und deshalb nicht machen können. Daraufhin würde ich nach einiger Beobachtungszeit ein Gespräch mit den Eltern führen, wie ihre Kinder bei den Hausaufgaben zurechtkommen. Dabei wäre aber schon einige Zeit verstrichen. Ich suche aber einen Weg, der jetzt klar und deutlich macht, dass Hausaufgaben komplett erledigt werden und nur bei echten Schwierigkeiten unvollständig sein dürfen. Habt ihr Ideen?

Holger: ich kenne das, ich habe das gleiche Problem in Latein: die übersetzen oft aus purer Faulheit nur die Hälfte und sagen dann, sie hätten es nicht verstanden. Ob das wirklich stimmt, merkt man dann, wenn man die Schüler im Unterricht den Text, den sie nicht haben, vorübersetzen lässt (ich benote das auch gerne :)), dann merkt man schnell, ob sie ein echtes Verständnisproblem haben oder ob sie sich daheim wirklich nicht damit beschäftigt haben (und nebenbei: bei Schülern, die zwar alles haben, aber nur abgeschrieben haben, fällt das auch sehr schnell auf). letzterer Fall führt natürlich dazu, dass sie auch im Unterricht nix hinkriegen und eine schlechte Note einsacken. natürlich kontrolliere ich die Hefte auch auf Vollständigkeit (was leider ziemlich mühselig ist) und lasse sie nachtragen, was sie nicht haben. du könntest z. B. alle die, die etwas nicht verstanden haben, an die Tafel holen und nachrechnen lassen, was sich ja auch pädagogisch begründen lässt :) ich wette, da kriegen einige Panik :P ansonsten ist es bei uns Pflicht, ein Hausaufgabenheft zu führen, wer etwas nicht vollständig notiert (z. B. weil er schon 5 Minuten vor Stundenende eingepackt hat), hat genauso eine Pflichtverletzung begangen wie wenn er keine Hausaufgaben gemacht hätte, kann also ähnlich belangt werden (bei mir gibt's meist nach 3mal einen Hinweis, bei den nächsten dreimal Nacharbeit am Freitag nachmittag). bei allzu häufigem Nicht-Verstehen kannst du natürlich auch eine Nacharbeit ansetzen, mit der Begründung, dass du Verständnislücken individuell mit Übungsaufgaben ausbessern willst. (…)

Margret: ich bin ja aus der Grundschule, aber da macht man das auch oft so, dass man die dann am Ende der Std antreten lässt und sich im HA-Heft zeigen lässt, dass alles aufgeschrieben wurde. Ich lasse auch nacharbeiten, aber schulrechtlich ist das (jedenfalls in BY) wegen vergessener HA nicht zulässig....

Holger: (…) wenn's hart auf hart kommt, lässt sich die Nacharbeit mit befürchteten Stoffversäumnissen erklären: wer so und so viel mal die Hausaufgabe nicht gemacht hat, hat den Stoff weniger geübt und zudem dem Lehrer keine Kontrollmöglichkeit geliefert, mit der er den Lernfortschritt überprüfen kann. insofern ist die Nacharbeit aus pädagogischer Perspektive keine Strafe, sondern eine Fördermöglichkeit. (…) man muss halt nachweisen können, dass die Schüler in der Nacharbeit nicht nur Zeit absitzen :)

Jo: Hm ich würde bei einer nicht gemachten Hausaufgabe nicht gleich die Eltern informieren, das wäre bei mir ein Schritt relativ weit am Ende der Sanktionskette. (…) Schüler an die Tafel holen empfinde ich persönlich als pures Bloßstellen von Schülern.

Ich kann mich noch sehr gut an meinen Chemielehrer damals erinnern. (...) Ich finde das erzeugt einfach nur Stimmung der Angst im Unterricht und schafft keine positive Lernatmosphäre. Man sollte den Kids klar machen, dass Hausaufgaben letztlich für sie selbst zur Übung für die Klausur gedacht sind. Meistens werden die Hausaufgaben ja auch im Unterricht besprochen und dementsprechend fallen bei Faulenzern im Bereich Hausaufgaben sowohl die mündlichen Noten als auch die Klausur automatisch schlechter aus.

Holger: (...) viele machen ihre Hausaufgaben deshalb nur, weil sie Sanktionen fürchten, und deshalb halte ich die Sanktionen schon für nötig, gerade in Lernfächern wie Latein (oder anderen Fremdsprachen), wo man keine Chance mehr hat, wenn man einmal eine zu große Vokabel- oder Grammatiklücke hat."

Diese Foren-Unterhaltung aus dem Jahr 2008 zeigt in erschreckender Weise, wie hilflos einige der jungen Lehrerinnen und Lehrer mit Problemen rund um die Hausaufgaben umgehen, und dass sie zum Teil sogar bewusst gegen Gesetze verstoßen: Sie setzen auf Angst und Panik bei den Schülern, drohen mit verbotenen Strafarbeiten in der Schule – verharmlosend als „Nacharbeiten" bezeichnet – und präsentieren im Fall von „Holger" den bemerkenswert unpädagogischen Zirkelschluss, dass bei Schülern oft „pure Faulheit" vorliege und die Hausaufgaben in der Folge nur dann gemacht würden, wenn ausreichend harte Sanktionen drohten, „und deshalb halte ich die Sanktionen schon für nötig". Ganz offensichtlich mangelt es einigen dieser Referendare dramatisch an didaktischem Gespür, von Kompetenz gar nicht erst zu reden. Eine Kompetenz, die im Rahmen ihrer bisherigen Ausbildung anscheinend nicht einmal ansatzweise vermittelt wurde. Eine Reflexion der eigenen Rolle im Hausaufgabenkonflikt mit den Schülerinnen und Schülern? Völlige Fehlanzeige. Stattdessen werden die Hausaufgaben als unabänderlicher Bestandteil des Reglements verstanden; ein Bestandteil, der notfalls mit Zwang und sogar Mitteln jenseits des vom Schulgesetz Erlaubten durchgesetzt werden muss.

Gründe für die Hausaufgabenerteilung – Befunde aus der Schulforschung

Ein weiterer Punkt ist die weitverbreitete Gedankenlosigkeit vieler Lehrkräfte bei der Hausaufgabenerteilung. Schon 1982 hatte ein Schulforscher nach den Gründen dafür gefragt, warum Schulkinder so viel Zeit für Hausaufgabe aufwenden müssen. Befragt wurden dafür 1702 Kinder der Schuljahre 5 bis 9 in Schleswig-Holstein[25].

„Warum braucht ihr in den einzelnen Fächern so viel Zeit für Hausaufgaben?"

Weiß ich nicht	1 %
Weil ich keine Lust habe	3 %
Weil zu viele Aufgaben gegeben werden	32 %
Weil es mein Lieblingsfach ist oder weil es mir Spaß macht	11 %
Weil die Aufgaben zu schwer sind	47 %
Wegen der vielen Zeichnungen (in Biologie, Physik, Erdkunde)	6 %

„Zu viele und zu schwierige Hausaufgaben – das macht die Mühsal für 79 Prozent aus", schreibt der „Spiegel" in seiner Analyse. Und macht dafür auch die Lehrerinnen und Lehrer verantwortlich, die Schwierigkeiten hätten, „individuelle Belastungsgrenzen richtig einzuschätzen und sich eine reale Vorstellung davon zu machen, was sie mit ihren eben mal so verordneten Hausaufgaben alles anrichten". Bis heute sind schlecht formulierte und nicht präzise gestellte Aufgaben, die schlicht nicht komplett und richtig verstanden werden können, kein Einzelfall. Bei einer Umfrage unter mehr als 300 niedersächsischen Lehrerinnen und Lehrern ermittelte der Erziehungswissenschaftler Günter Sommerla[26], dass deutlich mehr als die Hälfte der Pädagogen, nämlich 59 Prozent, nur drei bis fünf Minuten für die Erläuterung der Aufgaben aufwenden. Und weitere 18 Prozent – fast jeder fünfte – nahm sich dafür sogar nur ein bis zwei Minuten Zeit. Es stimmt, diese Zahlen stammen aus den 1980er Jahren, und es stimmt auch, dass sich Schule seither massiv verändert hat. Die Zahlen mögen deshalb heute vielleicht nicht mehr ganz so dramatisch hoch sein – aber verschwunden ist das Problem aus den Schulen damit noch lange nicht.

Auch der Erziehungswissenschaftler Frank Lipowsky, der Hausaufgaben nicht grundsätzlich für sinnlos hält, sieht die Probleme der häuslichen Schularbeit. Alle beteiligten Personengruppen hätten Anteil an der Entstehung dieser Schwierigkeiten: Schüler, Eltern und Lehrer. „Viele betroffene Eltern und auch Lehrpersonen sind der Ansicht, dass die Wirksamkeit von Hausaufgaben vor allem mit der investierten Zeit zusammenhängt: Je länger ein Schüler an den Hausaufgaben sitzt, so die Annahme, desto höher auch sein Lernerfolg. Die Forschung kann dies jedoch nicht bestätigen."[27] Stattdessen seien strukturelle, von den Akteuren ins Spiel gebrachte Verhaltensweisen ein wichtiger Faktor dafür, wie wirksam Hausaufgaben überhaupt sein könnten. Im Fall der Lehrerinnen und Lehrer seien das die gesetzten Rahmenbedingungen: der Themenschwerpunkt, Umfang der Aufgaben, die weitere Berücksichtigung (oder Nichtberücksichtigung) im Unterricht und eine mehr oder weniger genaue und regelmäßige Kontrolle. Und schließlich auch die Frage, ob und wenn ja, welches Feedback es für die Schülerinnen und Schüler zu den von ihnen erbrachten Hausaufgabenleistungen gibt. „Wie Lehrpersonen mit Hausaufgaben umgehen und welche Hausaufgaben effektiv sind, sind noch vergleichsweise wenig erforschte Gebiete. Mehrere Studien deuten darauf hin, dass nicht nur nachbereitende Übungs- und Wiederholungsaufgaben, sondern auch vorbereitende Hausaufgaben, wie kleine Experimente, Befragungen, Erkundigungen oder Recherchen, das Lernen positiv beeinflussen können", schreibt Frank Lipowsky in seinem Beitrag für die Aktion Humane Schule, „zudem zeigt sich, dass Lehrpersonen die Wirksamkeit von Hausaufgaben unterstützen können, wenn sie sich nicht nur für die Ergebnisse, sondern auch für die Lösungswege der Schüler und Schülerinnen interessieren und wenn sie auf deren Fehler eingehen."

Eingehen auf die Fehler – das klingt gut. Nur: Wann soll das passieren? Im Zuge der Recherchen für dieses Buch gab es zahlreiche Gespräche mit Lehrerinnen und Lehrern, in denen ein Aspekt immer wieder genannt wurde: die fehlende Zeit im Unterricht. „24 Kinder in der Klasse, 24 Mal Hausaufgaben-Feedback geben und jeweils individuell auf die Leistungen der Kinder eingehen", eine 33-jährige Gymnasiallehrerin schüttelt den Kopf: „Wenn ich für jeden Schüler nur zwei Minuten ansetze, ich denen ich eine Aufgabe von, sagen wir, einer Heftseite lese und eine Rückmeldung gebe, dann ist schon die Hälfte der Doppelstunde rum." Eine fundierte und wirklich an der Hausaufgabenleistung interessierte Rückmeldung sei in dieser kurzen Zeit unmöglich umzusetzen, sagt die Deutsch- und Sportlehrerin: „In einer 90-Minuten-Einheit kann ich höchstens 5 bis 10 Minuten für den Rückblick auf die letzte Stunde aufwenden, sonst komme ich mit meinem Stoff nicht durch." Hausaufgaben, bestätigt sie, seien deshalb tatsächlich die ins häusliche Umfeld verlagerte Arbeit, die in der Schule nicht geschafft wurde und für die es in aller Regel keine Rückmeldung, keine Korrekturen und allenfalls ein schnelles, kollektives „Seid ihr alle damit zurecht gekommen?" gibt. „Und ehrlicherweise muss ich sagen, dass ich jedes Mal hoffe, dass niemand sagt: ‚Ich hatte da noch ein Problem'. Diese Aussage wirft sofort das ganze Stundenkonzept durcheinander", sagt die Pädagogin. Noch drastischer äußern sich zwei Lehrer einer österreichischen Hauptschule. Es sei schlicht und ergreifend „Quatsch", von Hausaufgaben als pädagogischem Instrument zu sprechen: „Das ist der Mülleimer für alle Inhalte, die am Vormittag nicht untergebracht werden konnten." Schülern, Lehrern, der Schulleitung und den Eltern sei völlig klar, „dass die Aufgaben unser Zeitpuffer sind, unser Verschiebebahnhof, mit dem wir die Unplanbarkeiten und täglichen Verzögerungen des regulären Unterrichts abfangen und abfangen müssen." Natürlich sei Unterricht jeden Tag anders, es gebe eigentlich immer Unerwartetes, das Zeit koste – „und deshalb brauchen wir als Ausgleich die Aufgaben". Auch ein heutiger Sekundarschullehrer aus Nordrhein-Westfalen, 55 Jahre alt und seit knapp 30 Jahren vor allem an Realschulen im Dienst, räumt ein: „Wirklich pädagogisch genutzt werden die Hausaufgaben von mir nicht. Trotzdem glaube ich, dass sie etwas bringen und dass sie die Schüler zu selbständigem Arbeiten anleiten" – eine seltsam ambivalent und auch ziemlich unreflektiert anmutende Aussage. Ganz offensichtlich setzt der Lehrer hier auf eine Art selbstentfaltende pädagogische Kraft, die den Hausaufgaben innewohnt, weil er deren pädagogische Einbettung selbst zeitlich nicht schafft oder schlichtweg nicht hinbekommt.

Hausaufgaben als pädagogisches Problem
Erfahrungen der Lehrer-Arbeitsgemeinschaft in Dingolfing

An der früheren Haupt- und heutigen Mittelschule im bayerischen Dingolfing gründeten die Lehrerinnen und Lehrer vor einigen Jahren nach zahlreichen schlechten Erfahrungen eine Arbeitsgemeinschaft mit dem Titel „Hausaufgaben – ein tägliches Problem?", wobei die meisten Teilnehmer diese Frage wohl bejahen würden. Auch hier zeigte sich, dass viele Lehrkräfte die Aufgaben als echte Belastung empfinden und nicht als regulären und sinnvollen Teil des täglichen pädagogischen Prozesses. Fünf hauptsächliche Probleme mit den Hausaufgaben wurden in einem Workshop erarbeitet[28]:

- „Schüler schreiben erst gar nicht auf, was sie aufhaben.
- Ein wachsender Teil der Schüler verweigert standhaft Hausaufgaben! (mit abenteuerlichen Ausreden, trotz Strafen und teilweise mit Billigung der Eltern)
- Mit Hausaufgabenstellung, -kontrolle und -besprechung wird wertvolle Unterrichtszeit vergeudet!
- Die Schüler, die Hausaufgaben machen, haben es nicht nötig. Die Schüler, die es nötig hätten, machen keine Hausaufgaben!
- Der Großteil der Hauptschüler erkennt den Sinn von Hausaufgaben nicht."

Aufschlussreich ist dabei vor allem die Einschätzung, die Beschäftigung mit den gemachten oder nicht gemachten Hausaufgaben sei eine „Vergeudung" von Unterrichtszeit. Die Lehrkräfte scheinen zumindest instinktiv zu spüren, dass der pädagogische Nutzen der Aufgaben höchst begrenzt ist. Warum bloß sollen die Schülerinnen und Schüler dann diese nutzlosen Arbeiten möglichst geräuschlos erledigen? Im Vorfeld des Workshops hatte die AG im Kollegium eine Umfrage durchgeführt, bei der die Lehrer notieren sollten, welche Schwierigkeiten sie mit den Aufgaben im Schulalltag erleben. Heraus kam eine beeindruckende, 44 Punkte umfassende Liste, die die ganze Misere mit dem Thema Hausaufgaben geradezu prototypisch widerspiegelt.

„Meine Probleme mit den Hausaufgaben:

1. Der Zeitaufwand für Kontrolle, Besprechung, ‚Nachjagen'
2. Schüler, die sich trotz ständiger Erinnerung die HA nicht im Hausaufgabenheft notieren. (Der Lehrer hat aber schon Zeit, die HA an die Seitentafel zu schreiben).
3. Schüler bessern ihre Fehler bei der Besprechung nicht aus.
4. Wenige ‚Finger' beim Besprechen, hinterher wollen es aber viel mehr richtig gehabt haben.
5. Heft daheim vergessen, Buch oder Arbeitsblatt unter der Bank vergessen …
6. Genau bei den Schülern, wo es nötig wäre, kommt man an die Eltern schlecht ran bzw. keine Änderung.
7. Mündliche HA (Wiederholung, Sachwissen lernen, Vokabeln ...) werden vernachlässigt.
8. Notorische ‚Vergesser'
9. Lückenhafte, unvollständige HA

10. ‚Abenteuerliche' Entschuldigungen der Eltern

11. Oft hoher Zeitaufwand bei Besprechung

12. Einige Schüler fertigen so gut wie nie eine HA an und werden dabei (Problem!) offensichtlich von den Eltern unterstützt.

13. Fehlende HA, unvollständig, schlampig (teilweise)

14. Buch vergessen

15. Ich hab es mir nicht aufgeschrieben

16. Manche wollen sich nicht anstrengen, ‚das kann ich nicht'.

17. Fehlende HA

18. Unvollständige HA

19. Schlampige HA

20. Trotz Ermahnungen und regelmäßiger Infoschreiben an Eltern kein bzw. zu wenig Erfolg

21. Nicht mitverbessern bei der Besprechung

22. ‚Vergessen' usw.

23. Nur formale Erledigung = schreiben, aber kaum dabei gelernt, mitgedacht, …

24. Viel Zeit für die Verbesserung

25. Schüler, die nie / selten die HA machen.

26. Wie viel HA?

27. Anspruchsniveau

28. Werden immer von etlichen Kindern (meist denselben) nicht gemacht.

29. Bekomme immer wieder Ausreden zu hören.

30. Situation bessert sich auch durch Mitteilungen an die Eltern nicht oder durch Nachsitzen der Schüler.

31. Kontrolle und Besprechung der Ergebnisse sind zeitintensiv, manchmal werden HA aus der Not geboren und sind daher wenige sinnvoll bzw. effektiv.

32. Eltern erwarten HA (wenigstens die, die am schulischen Erfolg ihrer Kinder interessiert sind).

33. Ständige zeitraubende Kontrolle

34. Fadenscheinige Ausreden

35. Bestimmte Schüler machen trotz Bestrafung einfach keine oder nur unvollständige Hausaufgaben.

36. Trotz Hausaufgabentafel werden die Aufgaben nicht gewissenhaft aufgeschrieben.

37. Eltern überwachen die Hausaufgaben nicht konsequent genug.

38. Mehr oder weniger originelle Ausreden

39. Immer dieselben Schüler, z. T. trotz Nacharbeiten

40. Hausaufgaben werden falsch oder gar nicht aufgeschrieben (‚Eltern können nicht richtig kontrollieren.'), 5. Klasse.

41. HA nur zum Teil erledigt

42. Einzelne Schüler, die überhaupt nicht bereit sind, Hausaufgaben zu machen.

43. Unvollständige, oberflächliche Hausaufgaben

44. Kontrolle und Berichtigung recht zeitaufwändig"

Keine Frage: Dieses Kollegium erlebt in seiner täglichen Arbeit das ganze Dilemma eines vermeintlich pädagogischen Instruments, dessen weitgehende Nutzlosigkeit durch eigene Erfahrung immer wieder bestätigt wird.

Auf einen Aspekt, der in der zitierten Liste unter Punkt 32 kurz angesprochen wird, geht eine Berliner Grundschullehrerin genauer ein. „Wir unterrichten nach dem Konzept der flexiblen Schuleingangsphase", sagt die Pädagogin. Dabei werden die Jahrgangsstufen 1 und 2 gemeinsam unterrichtet, und die Kinder können diese Phase je nach Vorwissen und eigenem Lerntempo in einem, zwei oder drei Jahren durchlaufen. Egal, wie lange sie dafür brauchen, sie gehen auf jeden Fall mit einigen Kindern in die 3. Klasse weiter. „Dieses Konzept setzt stark auf individuelles Lernen der Schülerinnen und Schüler, gleiche Hausaufgaben für alle gibt es bei uns nicht", sagt die Lehrerin. Letztlich sei es der Klasse freigestellt, wann im Laufe einer Woche die in Eigenregie zu erledigenden Arbeiten gemacht werden: in der Schule, in der Nachmittagsbetreuung der offenen Ganztagsschule oder möglicherweise auch zu Hause. Allerdings seien es die Kinder und vor allem auch deren Eltern, die immer wieder irritiert sind, wenn es Hausaufgaben im traditionellen Sinn nicht mehr gibt. Letztere drängen auf Elternabenden, manchmal aber auch direkt per Beschwerde bei der Schulleiterin darauf, dass die Leistungsstandards und die Menge der Aufgaben für zu Hause angehoben werden. „Für die Eltern ist der Umfang der Hausaufgaben ein Maßstab dafür, wie stark wir ihre Kinder fordern. Und sie machen uns richtig Druck, dass wir den Kindern viel aufgeben – obwohl das gar nicht unser Ziel ist und viele im Kollegium die klassischen Hausaufgaben zumindest skeptisch sehen."

Hausaufgaben aus Sicht der Eltern

Viele schlechte Erfahrungen wurden und werden also gemacht, und trotzdem wird von den Lehrerinnen und Lehrern an den ungeliebten, als widersprüchlich und nicht zielführend erlebten Aufgaben in aller Regel festgehalten. Ganz ähnlich handeln auch viele Eltern. Sie klagen über die Belastung durch Hausaufgaben, beschreiben den Streit, der ins Familienleben hineingetragen wird, ärgern sich über die Disziplinierungsmaßnahmen, zu denen sie sich gezwungen fühlen, damit die Kinder die Aufgaben erledigen. Und trotzdem beugen sie sich diesem Druck, akzeptieren die massiven Einschränkungen von Freizeit und Familienleben und ziehen zur Rechtfertigung dafür, dass sie sich nicht gegen den Druck und die Bevormundung durch die Hausaufgaben wehren, die immer gleichen Begründungen heran:

- „Durch Hausaufgaben habe ich die Möglichkeit, mitzubekommen, was die Kinder machen und welche Themen in der Schule gerade behandelt werden."
- „Hausaufgaben geben mir die Möglichkeit, Fortschritte zu erkennen, die mein Sohn in den einzelnen Fächern macht."
- „Der Lernprozess der Kinder ist ja wichtig. Durch die Aufgaben werde ich daran beteiligt, weil sie unter meiner Aufsicht angefertigt werden."
- „Hausaufgaben sind sinnvoll, weil sie dafür sorgen, dass die Kinder nachmittags auch etwas zu tun haben und nicht nur vor dem Computer sitzen. Zumindest theoretisch."

Und auch folgendes Argument wird wiederholt genannt: Hausaufgaben sind schließlich in den Lehrplänen aller Schulformen verankert und international üblich und vorgesehen. Und deshalb, so die Meinung vieler Eltern und wohl auch vieler Lehrer, können sie einfach nicht falsch oder schlecht sein.

Eine schräge Begründung und ein erwiesener Trugschluss. Die Lehrpläne idealisieren häufig die Lern- und Schulsituation und haben mit der heutigen Realität in den Klassenzimmern oft wenig zu tun, findet Jürg Brühlmann vom Dachverband Schweizer Lehrerinnen und Lehrer (LCH). „Viele Kinder können die Aufgaben zu Hause kaum erledigen, weil sie kein eigenes Zimmer haben, der Fernseher immer läuft oder die

Geschwister stören."[29] Hinzu kommen soziale Unterschiede je nach Vorbildung der Elterngeneration: Viele Väter und Mütter ohne den schweizerischen Mittelschulabschluss hätten ab der fünften Klasse Mühe, die Hausaufgaben der Kinder überhaupt zu verstehen – insbesondere in fremdsprachigen Familien. Damit würden, sagt auch der schweizerische Lehrervertreter, die Aufgaben das Leistungsgefälle und die Chancenungleichheit vergrößern.

Wir haben es hier also mit einer Art resistentem Zirkelschluss zu tun: Weil Hausaufgaben immer schon zur Institution Schule gehörten, gehören sie auch heute dazu. Und wenn es noch so fundierte Kritik an diesem überholten und unsinnigen Instrument gibt, wird auf die entsprechenden Schulgesetze verwiesen, die, wie etwa in Niedersachsen, betonen, dass es bei den Hausaufgaben darum gehe, „den Schüler an[zu]regen, sich mit dem im Unterricht Gelernten weiterhin" zu befassen. In Baden-Württemberg dienen die Aufgaben laut Gesetz dazu, dem Schüler die Möglichkeit zu bieten, „sich die vermittelten Kenntnisse weiter einzuprägen und die erworbenen Fähigkeiten und Fertigkeiten zu üben und anzuwenden". In den bayerischen Richtlinien stellen die Aufgaben auch noch „einen Teil der schulischen Unterrichts- und Erziehungsarbeit dar", um auf diese Weise die Schülerinnen und Schüler „an die regelmäßige und gewissenhafte Erfüllung von Pflichten zu gewöhnen". Mit anderen Worten: Der Staat fordert von seinen Lehrerinnen und Lehrern den Einsatz eines Instruments, das diese gar nicht sinnvoll benutzen können – und es trotzdem im Schulalltag so belassen müssen. Kein Wunder, dass es rund um die Hausaufgaben immer wieder zu Streit und Auseinandersetzungen kommt.

Hausaufgaben – Fragen und Antworten im Ratgeber eines Schulministeriums

Mit Verweis auf das Schulgesetz hat deshalb beispielsweise die nordrhein-westfälische Landesregierung eine Internetseite[30] eingerichtet, auf der Hinweise zum Thema

Hausaufgaben gegeben werden. Die ausgewählten Fragen und Antworten sind höchst aufschlussreich, da sie einen guten Eindruck von den Diskussionen und Debatten geben, die aufgebrachte oder einfach nur neugierige Eltern in ihren Eingaben an das zuständige Schulministerium anregen. Es entstand ein Fragenkatalog, der als Ratgeber auch für Eltern, Lehrer und Schüler anderer Bundesländer nützlich ist.

„Welchen Umfang dürfen Hausaufgaben haben bzw. wie lange sollte die Bearbeitung dauern?

Hausaufgaben sollen so bemessen sein, dass sie, bezogen auf den einzelnen Tag, in folgenden Arbeitszeiten erledigt werden können:

- für die Klassen 1 und 2 in 30 Minuten,
- für die Klassen 3 und 4 in 60 Minuten,
- für die Klassen 5 und 6 in 90 Minuten,
- für die Klassen 7 bis 10 in 120 Minuten.

Für die gymnasiale Oberstufe ist keine Begrenzung festgelegt, doch sollte auch hier eine zeitliche Überforderung der Schülerinnen und Schüler vermieden werden.

Sinn, Ausmaß und Verteilung von Hausaufgaben sollen mit den Schülerinnen und Schülern und in den Sitzungen der Klassen- oder Jahrgangsstufenpflegschaften sowie in Einzelberatungen mit den Eltern erörtert werden. Die Klassenleitung hat die Aufgabe, zwischen den einzelnen Lehrkräften einer Klasse einen Ausgleich herbeizuführen, wenn es im Einzelfall zu einer Häufung von Hausaufgaben und damit zu einer zeitlichen Überforderung der Schülerinnen und Schüler kommt.

In Ganztagsschulen der Primarstufe und der Sekundarstufe I entscheidet das von der Schulkonferenz beschlossene Ganztagskonzept auch über die Zeiten zur Erledigung der Hausaufgaben innerhalb des Tagesablaufes. Das schließt Vorgaben zur Gestaltung und zum zeitlichen Umfang von Phasen selbstständigen Lernens in der Schule und zu Hause ein.

Sind Hausaufgaben während der Ferien zulässig?
Ferien dienen der Erholung der Schülerinnen und Schüler.

Hausaufgaben während der Schulferien sind daher nur in Ausnahmefällen und auf freiwilliger Basis möglich, z. B. wenn im Schuljahr bei einer Schülerin oder einem Schüler große Fehlzeiten aus Krankheitsgründen vorliegen und die Aufgaben dazu dienen sollen, versäumten Unterrichtsstoff nachzuarbeiten, um so die weitere Mitarbeit sicherzustellen. Ansonsten sind Hausaufgaben während der Ferien unzulässig.

Dürfen Hausaufgaben benotet werden?
Hausaufgaben ergänzen die schulische Arbeit und können dazu dienen, das im Unterricht Erarbeitete einzuprägen, einzuüben und anzuwenden. Hausaufgaben werden deshalb in der Regel nicht zensiert, sollten jedoch unter pädagogischen Aspekten Anerkennung finden.

Können Hausaufgaben über das Wochenende aufgegeben werden?
In Schulen mit 5-Tage-Woche können von Freitag zu Montag Hausaufgaben gegeben werden, wenn am Freitag kein Nachmittagsunterricht stattfindet oder wenn nicht mehr als zwei Stunden Nachmittagsunterricht erteilt werden. Von Samstag zu Montag ist ohne Einschränkung aufgabenfrei; dasselbe gilt für alle Tage, denen ein Feiertag vorangeht.

Müssen Hausaufgaben von der Lehrerin / vom Lehrer nachgesehen werden?
Hausaufgaben müssen regelmäßig überprüft und für die weitere Arbeit im Unterricht ausgewertet werden."

Hausaufgaben vor Gericht

Wer sich die entsprechenden Regelungen, Erlasse und Schulgesetze durchliest, spürt einerseits nirgendwo einen Zweifel des Gesetzgebers an der Sinnhaftigkeit der für den Nachmittag und die Freizeit erteilten Arbeitsaufträge. Andererseits aber zeigt genaues Lesen auch: Hausaufgaben müssen nicht sein, nirgendwo ist eine direkte Pflicht zur Erteilung von Aufgaben festgeschrieben. Lehrerinnen und Lehrer haben also schon heute Handlungsoptionen, wenn sie – instinktiv oder nach gründlicher Überlegung – der Institution Hausaufgaben skeptisch gegenüberstehen.

Klar ist aber auch: Weil es rund um die Hausaufgaben in den Erlassen und Gesetzen so viele Regelungen gibt und weil das Thema emotional so aufgeladen ist, gibt es auch eine hohe Zahl von – tatsächlichen oder vermeintlichen – Regelverletzungen. Das lässt sich unter anderem an der enormen Menge von Verfahren ablesen, die vor Verwaltungsgerichten rund um das Thema Hausaufgaben geführt werden oder bei denen die Hausaufgaben in der Wertung eines Falles eine zentrale Rolle einnehmen.

Ganz grundsätzlich, so hat das Verwaltungsgericht Braunschweig schon 2002 entschieden[31], sei es „nicht zumutbar, dass drei Kinder im Alter von 7, 14 und 16 Jahren an einem Küchentisch mit den Maßen 1,10 m x 0,70 m gemeinsam Schularbeiten machen. Es besteht ein Bedarf für zwei zur Erledigung von Schreibarbeiten geeigneten Tischen mit je einem Stuhl und einer Tischlampe", während ein Kind seine Schularbeiten sehr wohl am Küchentisch erledigen könne. Eine Familie, die staatliche Hilfe zum Lebensunterhalt erhielt, hatte gegen das Sozialamt geklagt, um Geld für zwei zusätzliche Schreibtische, zwei Stühle und Tischlampen zu erhalten – zu Recht, wie die Juristen entschieden. Sie hatten zuvor das bei der Familie vorhandene Mobiliar geprüft und bei den Schulen der Kinder telefonisch nachgefragt, wie groß der Umfang der üblicherweise zu erledigenden Hausaufgaben ist: „Danach sind in der Wohnung der Antragsteller lediglich zwei Tische vorhanden, von denen der Couchtisch allein aufgrund seiner Höhe zur Bearbeitung der Schularbeiten etc. nicht in Betracht kommt. In den beiden Kinderzimmern sind keine Tische vorhanden. Unter Berücksichtigung dieser Wohnverhältnisse sowie der Tatsache, dass drei Kinder möglicherweise gleichzeitig Hausarbeiten etc. verrichten müssen, hält es die Kammer für nicht zumutbar, die auch von ihrem Alter her sehr unterschiedlichen Antragsteller auf ein tägliches gemeinsames Arbeiten an dem vorhandenen Küchentisch zu verweisen."

Auch die Rolle der Eltern wurde im Hinblick auf die Hausaufgaben bereits mehrfach von Gerichten behandelt. So hatte ein Vater aus dem Münsterland die Realschule seiner 12-jährigen Tochter aufgefordert, nicht nur der Schülerin, sondern auch ihm als Erziehungsberechtigtem jeweils die Hausaufgaben mitzuteilen, „und zwar nicht im Nachhinein, sondern mindestens einen Monat im Voraus", das Ganze bitteschön „per E-Mail, Arbeitsblatt oder Internet". Seine Begründung: Da seine Tochter bei der Erledigung der Aufgaben nachlässig sei, brauche er vorab die gestellten Fragen, um damit eine bessere Kontrollmöglichkeit darüber zu haben, was seine Tochter zu Hause tun solle und was sie davon dann auch tatsächlich umsetze. Nur so könne er sicherstellen, dass von seiner Tochter nichts verschwiegen oder vergessen werde. Der pensionierte Diplom-Ingenieur berief sich dabei auf den im nordrhein-westfälischen Schulgesetz formulierten Informationsanspruch, nach dem bei „grundsätzlichen und wichtigen" Schulangelegenheiten die Eltern zu informieren sind.

Die Formulierung im Schulgesetz sei auch gar nicht zu beanstanden, betonten die Richter des Verwaltungsgerichts Münster[32] in ihrem Urteil. Dieser Informationspflicht sei die betroffene Realschule ausreichend nachgekommen, indem sie es für alle Schüler zur Pflicht gemacht hatte, ein Hausaufgabenheft zu führen, in dem die entsprechenden Aufgaben und Arbeitsaufträge notiert werden. Darüber hinaus hatten sich die Lehrer der 12-jährigen bereit erklärt, dieses Heft jeweils abzuzeichnen. Und damit, so die Juristen, sei die Informationspflicht auch erfüllt gewesen. Im Urteil heißt es weiter, der klagende Vater verkenne offensichtlich, dass es aller pädagogischen

Erfahrung widerspreche, Hausaufgaben wochenlang im Voraus festzulegen. Denn der Inhalt einer sinnvoll gestellten Aufgabe ergebe sich ja logischerweise immer erst kurzfristig aus dem unmittelbar vorher im Unterricht behandelten Stoff. Außerdem so die Richter, sei ihnen nicht klar geworden, warum der Kläger die Informationen solch eine lange Zeit im Voraus benötige. Die tägliche Kontrolle der von der Schule mitgebrachten Aufgaben gehöre einfach zum elterlichen Tätigkeitsspektrum hinzu – wie es im Übrigen auch Aufgabe des Vaters sei, pädagogisch so auf seine Tochter einzuwirken, dass sie als Schülerin der Sekundarstufe I selbstständig ihre Hausaufgaben erledige und das Hausaufgabenheft sowohl in der Schule als auch zu Hause regelmäßig vorlege.

Zahlreiche Verfahren beschäftigen sich darüber hinaus mit der Frage, wie stark Hausaufgaben bei der Festlegung einer Gesamtnote für ein Fach berücksichtigt werden dürfen – zumal in den Schulgesetzen in aller Regel eine Benotung ausgeschlossen ist. Ein beispielhafter Fall ist hier derjenige der niedersächsischen Schülerin Nicole, die im Sommer 2011, am Ende der 8. Klasse, nicht in die Jahrgangsstufe neun versetzt wurde, weil sie in zahlreichen Fächern – unter anderem in Englisch, Mathematik, Deutsch, Physik und Geschichte – nicht ausreichende Leistungen erbracht hatte. Gegen das Sitzenbleiben hatten die Eltern vor dem Verwaltungsgericht Braunschweig geklagt und dabei unter anderem mit dem Thema Hausaufgaben argumentiert, konnten damit aber die zuständige Kammer nicht überzeugen[33]. Rein rechnerisch, so die Eltern in ihrer Klageschrift, hätte sich für Nicole aus den schriftlichen und mündlichen Noten im Fach Englisch zwingend die Note vier ergeben müssen. Tatsächlich, bescheinigen die Richter, „ergibt sich für die Tochter der Antragsteller unter Berücksichtigung der von dem Fachlehrer mitgeteilten und rechtlich nach derzeitigem Sachstand nicht zu beanstandenden prozentualen Gewichtung zwar eine rechnerische Durchschnittsnote von 4,37". Doch die Abrundung auf eine Fünf sei vom Fachlehrer „hinreichend begründet" worden, entspreche anerkannten Bewertungsgrundsätzen und sei vom pädagogischen Ermessensspielraum gedeckt. Gegenargument der Eltern: „mindestens eine Hausaufgabe" sei vom Englischlehrer „falsch gestellt" worden. Mit anderen

Worten: Eine einzige Hausaufgabe soll demnach ein so großes Gewicht gehabt haben, dass sie die Benotung für ein ganzes Halbjahr massiv beeinflussen und verfälschen konnte. Es sei jedoch in der Argumentation der Eltern nicht klar geworden, heißt es in dem Urteil, inwieweit „die Bearbeitung einer Hausaufgabe die von dem Fachlehrer vergebene Endnote maßgeblich beeinflusst hat" und welchen Fehler der Lehrer bei der Hausaufgabe überhaupt gemacht haben soll. Auch in Mathematik, schrieben Nicoles Eltern in einer weiteren Stellungnahme an das Gericht, habe es „fehlerhafte Aufgabenstellungen" gegeben – und konnten damit ebenfalls nicht überzeugen.

Darüber hinaus spielen Hausaufgaben noch bei einer weiteren, zahlenmäßig ziemlich großen Gruppe von Gerichtsverfahren eine Rolle. Nämlich immer dann, wenn es um die Leistungsbeurteilung von Lehrerinnen und Lehrern durch ihre Dienstvorgesetzten geht. Je nach Streitfall gerät dann die Hausaufgabenpraxis der Pädagogen ins juristische Blickfeld. Können sie ausreichend begründen, warum sie bestimmte Aufgaben erteilt oder andere gerade nicht aufgegeben haben? Wie gehen sie mit den Hausaufgaben der Schülerinnen und Schüler um? Eine 1966 geborene Lehrerin für die Fächer Spanisch, Englisch und Französisch in München war zunächst probeweise verbeamtet worden, am Ende der Probezeit jedoch wurde sie aus dem Schuldienst entlassen. Die Dienstvorgesetzten begründeten das mit mangelhaften Leistungen der Lehrerin; die Frau klagte gegen diese Entscheidung vor dem Verwaltungsgericht München[34]. Sie hatte seit 2002 über insgesamt acht Jahre an verschiedenen Schulen gearbeitet. Bereits 2006 war sie in einem Schreiben des Kultusministeriums darauf hingewiesen worden, „dass der Schulleiter ihrer Einsatzschule die Arbeitsweise, die geringe Organisationsfähigkeit und die pädagogischen Schwierigkeiten in den Klassen" bemängelte. Sie erhalte aber die Chance, sich innerhalb einer dreijährigen Probezeit zu bewähren und vorhandene Defizite abzubauen. Doch diese Chance hat die Pädagogin nach Auffassung der Richter und der Vorgesetzten nicht genutzt. Ein Schulleiter wies auf „die chaotische Arbeitsweise, die geringe Organisationsfähigkeit und die unübersehbaren Mängel im pädagogischen Bereich sowie der Sprachbeherrschung der

Klägerin vor allem im Fach Englisch hin", was zu zahlreichen Beschwerden durch Schüler wie Eltern geführt habe. Durch ihr unprofessionelles Auftreten habe sie dabei mehr und mehr ihr Ansehen und die Akzeptanz ihrer Entscheidungen untergraben. Ein anderer Schulleiter schrieb, dass die Lehrerin im Umgang mit Schülern und Eltern gelegentlich ungeschickt reagiere und „mitunter auch nicht angemessene Formulierungen" benutze. Zeugen schilderten vor Gericht eklatante Mängel im pädagogischen und didaktischen Bereich, die immer wieder zu massiven Elternbeschwerden geführt hatten – auch und gerade wegen der Hausaufgaben, die die Pädagogin gestellt habe. Darüber hatte es in der Klasse und bei Elterngesprächen immer wieder lange Diskussionen gegeben – bis hin zum Brief an den Schulleiter, in dem eine Klasse darum bat, von der Lehrerin „im kommenden Schuljahr nicht mehr unterrichtet zu werden, da der Unterricht chaotisch abgelaufen sei, die Hefteinträge unstrukturiert und teilweise nicht überdacht gewesen sowie viele Fragen der Schüler an die Lehrkraft unbeantwortet geblieben seien". Die Entlassung aus dem Staatsdienst, so die Richter, sei in diesem Fall nicht zu beanstanden gewesen.

Auch im Fall eines Mathematik- und Physiklehrers in Niedersachsen, der ebenfalls wegen mangelhafter Leistungen aus dem Beamtenverhältnis auf Probe entlassen worden war, spielten die Hausaufgaben eine wichtige Rolle bei der Bewertung des Klägers und seiner beruflichen Kompetenzen und Leistungen[35]. Ganz ähnlich wie im zuvor geschilderten Münchner Fall ging es im Kern um die Frage, ob die negativen Beurteilungen durch den Schulleiter gerechtfertigt waren und ob die darauf folgende Entlassung aus dem Beamtenverhältnis angefochten werden konnte. Nein, sagte auch das Niedersächsische Oberverwaltungsgericht und referierte in seinem Urteil eine ganze Reihe von Elternbeschwerden. Auch bei einem Unterrichtsbesuch in einem Physik-Leistungskurs, so der Schulleiter, habe die Nachfrage eines Schülers gezeigt, „dass die wesentliche Kernaussage der Quantenphysik nicht mehr im Bewusstsein der Lerngruppe gewesen sei. Die Auseinandersetzung mit diesem Problem habe der Kläger auf einen späteren Zeitpunkt vertagt, die Schüler weiterlesen lassen und als

Hausaufgabe die Beantwortung der restlichen Fragen aufgegeben." Eine völlig unsinnige Vorgehensweise: Wenn schon Grundlagen fehlen, welchen Sinn soll es dann haben, offene Fragen als Hausaufgaben zu delegieren? Es scheint offensichtlich, dass es dem Lehrer nur darum ging, den in der Stunde nicht geschafften Stoff trotzdem noch loszuwerden. Die pädagogische Einbettung dieser Aufgaben? Offenbar gleich null.

Überhaupt keine Lust auf Hausaufgaben hatte dagegen eine Lehrerin an einer Mädchen-Realschule in Bayern. Die private Schule wird als Ganztagsschule geführt, der Arbeitsvertrag geht analog zu den verbeamteten Lehrerinnen und Lehrern an bayerischen Realschulen von einer wöchentlichen Arbeitszeit von 41 Stunden aus. Unter Berücksichtigung von Vor- und Nachbereitungszeit ergeben sich daraus 24,5 Unterrichtsstunden pro Woche – eine Größenordnung, die auch von der vor dem Bundesarbeitsgericht klagenden Lehrerin nicht bestritten wurde[36]. Im Schuljahr 2004/05 wurde die Lehrerin von der Schulleitung für 22 Wochenstunden in den Fächern Deutsch, Erdkunde und Geschichte eingesetzt, die restlichen 2,5 Stunden sollte die Lehrerin laut Aufforderung der Schule bei der nachmittäglichen Hausaufgabenbetreuung der Schülerinnen und Schüler erbringen. Doch diese Aufgabe, wehrte sich die Pädagogin, sei viel aufwändiger als normaler Unterricht. Deshalb übernahm sie nur einen Teil der Hausaufgabenbetreuung und verweigerte in der restlichen Zeit ihre Mitarbeit. Daraufhin wiederum kürzte die Schule einen Teil des Gehalts – weswegen die Frau vor das Arbeitsgericht zog. Das Argument der Lehrerin: Sie sei nicht verpflichtet, in dem geforderten Umfang Lernstundenaufsicht zu leisten, weil das nicht ihrem Arbeitsvertrag entspreche. Falsch, entschieden die Richter: „Dem Inhalt nach schuldet der Lehrer alle Dienstleistungen, die üblicherweise mit der Aufgabenstellung eines Lehrers an einer allgemeinbildenden Schule verknüpft sind." Dazu gebe es beispielhafte Urteile, nach denen Lehrerinnen und Lehrer etwa an Klassenfahrten teilnehmen müssen. Analog verhalte es sich auch mit der Hausaufgabenbetreuung: „Die Lehrkraft an einer Ganztagsschule muss in angemessenem Umfang Lernstundenaufsicht übernehmen." Denn die Aufgabenstellung einer Schule sei eben nicht auf die Vermittlung von Fachwissen im Unterricht beschränkt:

„Der Bildungs- und Erziehungsauftrag der Schule erfordert in der heutigen Gesellschaft und angesichts der modernen Arbeitswelt in einem bestimmten Umfang auch die qualifizierte Betreuung der Schüler in Ganztagsschulen." Und das sei insbesondere dann sinnvoll, wenn die Aufsicht führenden Lehrer selbst an der Schule unterrichten, die Schüler kennen und deren Hausaufgaben punktuell begleiten und betreuen. Sogar zum Umfang der zumutbaren Hausaufgabenbetreuung äußerte sich das Bundesarbeitsgericht: „Ein Anteil von zehn Prozent der Gesamtarbeitszeit ist im Hinblick auf die wachsende Bedeutung der außerunterrichtlichen Tätigkeiten regelmäßig nicht unangemessen." Was in diesem Urteil von den Richtern angedeutet wird, ist im Grunde nichts anderes als eine Blaupause für die Rolle von Hausaufgaben in einem sich immer weiter entwickelnden Ganztagsschulsystem: Herausgehoben wird die sinnvolle Verknüpfung von individueller Lernzeit mit einer Betreuung durch die Lehrerinnen und Lehrer, die letztlich für die Aufgabenstellung verantwortlich sind. Das Bundesarbeitsgericht macht damit deutlich, dass die Arbeit der Pädagogen eben nicht mit dem Erteilen der Aufgaben endet – im Gegenteil.

Die zahlreichen juristischen Entscheidungen verschiedener Instanzen, in denen Hausaufgaben eine mehr oder wenige prominente Rolle spielen, zeigen vor allem eins: Wenn sich eine Schule oder einzelne Lehrkräfte dafür entscheiden, Hausaufgaben als pädagogisches Instrument einzusetzen, dann haben sie auch die Verantwortung und die Pflicht, dies auf eine sinnvolle, für Schüler und Eltern nachvollziehbare Art und Weise zu tun und gleichzeitig sicherzustellen, dass die Kinder und Jugendlichen sie auch qualifiziert erledigen können. Hausaufgaben nur deshalb aufzugeben, weil es so üblich und seit Jahrhunderten zur schulische Alltagspraxis gehört, ist demnach nicht zu rechtfertigen. Das heißt aber auch: Wer Hausaufgaben will, muss ihnen inhaltlich, zeitlich und didaktisch einen deutlich größeren Raum geben, als das bisher in aller Regel der Fall ist.

Oder er bzw. sie muss darüber nachdenken, ob es auch ganz anders geht – mit deutlich weniger Hausaufgaben oder sogar einem Komplettverzicht.

1 Bernhard Wittmann: Vom Sinn und Unsinn der Hausaufgaben. Neuwied 1964

2 http://www.spiegel.de/spiegel/print/d-46275522.html („Spielerische Entleerung")

3 http://www.spiegel.de/spiegel/print/d-14337317.html; die im Folgenden zitierten Zahlen stammen aus dieser Veröffentlichung.

4 Thomas Hardt: Zur Problematik der Belastung von Schülern und Eltern durch Hausaufgaben und Nachhilfeunterricht. Münster 1978, vgl. http://d-nb.info/790990466

5 Hilmar Schwemmer: Was Hausaufgaben anrichten. Paderborn 1980, vgl. http://d-nb.info/800094530

6 https://play.google.com/books/reader?printsec=frontcover&output=reader&id=AoxeAAAAcAAJ&pg=GBS.PA2

7 zit. nach Jutta Standop: Hausaufgaben in der Schule: Theorie, Forschung, didaktische Konsequenzen. Bad Heilbrunn 2013, S. 27

8 Ilse Nilshon: Hausaufgaben und selbständiges Lernen. Hrsg. vom Deutschen Jugendinstitut München, 1999. http://www.ssg-bildung.ub.uni-erlangen.de/Hausaufgaben_und_selbstaendiges_Lernen.pdf oder http://www.dji.de/fileadmin/user_upload/bibs/77_projektheft1.pdf. Hieraus stammen zu einem großen Teil auch die folgenden Details der historischen Hausaufgaben-Debatte.

9 Axel Key: School Life in Relation to Growth and Health. In: Popular Science Monthly, Ausgabe 38, November 1890. https://en.wikisource.org/wiki/Popular_Science_Monthly/Volume_38/November_1890/School_Life_in_Relation_to_Growth_and_Health

10 Hugo Gaudig: Didaktische Ketzereien. Leipzig / Berlin 1904, S. 55

11 M. Jäger: Zur Frage der häuslichen Arbeiten an unseren höheren Lehranstalten. In: Bericht über den 1. Internationalen Kongreß für Schulhygiene, Nürnberg 1904, zit. nach: Ilse Nilshon, 1999, S. 8

12 vgl. hierzu und zitiert nach: Karl Roller: Hausaufgaben und höhere Schulen. 1907, S. 12 ff. http://www.forgottenbooks.com/readbook_text/Hausaufgaben_und_Hohere_Schulen_1100049074/11

13 zit. nach: Karl Roller, 1907, S. 13 f.

14 zit. nach: ibd., S. 14

15 zit nach: Ilse Nilshon, 1999

16 Zur Frage, ob diese Obergrenzen auch eingehalten werden, konnte bisher keine Untersuchung ausfindig gemacht werden.

17 Tina Hascher / Franziska Bischof: Integrierte und traditionelle Hausaufgaben in der Primarstufe – ein Vergleich bezüglich Leistung, Belastung und Einstellungen zur Schule. In: Psychologie in Erziehung und Unterricht, Ausgabe 47/ 2000, S. 252-265

18 vgl. http://www.sp9.ch/node/115

19 Peter Krebs: Hausaufgaben. Ein „pädagogisches Ritual" überlebt. In: NZZ, 30.9.2013. http://www.nzz.ch/wissenschaft/bildung/ein-paedagogisches-ritual-ueberlebt-1.18158736

20 John Hattie (mit Wolfgang Beywl und Klaus Zierer): Bildung sichtbar machen. Battmannsweiler, 2013; im Original 2009 als „Visible Learning" erschienen.

21 Peter Krebs: Vom Sinn und Widersinn der Hausaufgaben. Interview mit Alois Niggli. In: NZZ, 30.9.2013. http://www.nzz.ch/wissenschaft/bildung/vom-sinn-und-widersinn-der-hausaufgaben-1.18158738

[22] http://www.neuheim.ch/bildung/schulangebot/eltern-lehrer-gruppe/

[23] http://www.gbbasel.ch/

[24] http://www.spiegel.de/spiegel/print/d-14337317.html; hieraus auch die folgenden Zitate.

[25] zit. nach: http://www.spiegel.de/spiegel/print/d-14337317.html

[26] zit. nach: http://www.spiegel.de/spiegel/print/d-14337317.html

[27] Frank Lipowsky: Hausaufgaben: Zusätzliche Lernchancen oder verschwendete Zeit? In: Aktion Humane Schule (Hrsg.): Hausaufgaben – Lernchance oder Zeitverschwendung? o.O. 2005, S. 1-2. http://www.aktion-humane-schule.de/HS_Oktober_05.pdf. Die Aktion Humane Schule hat außerdem eine von Frank Lipowsky erstellte Literaturliste zum Thema Hausaufgaben ins Netz gestellt, Stand 2005: http://www.aktion-humane-schule.de/Literatur_HA.pdf

[28] vgl. hierzu den Bericht über die Arbeitsergebnisse der AG unter http://www.dingolfing.org/members/schulamt/infos/hausaufgaben.pdf

[29] zit. nach: Peter Krebs: Hausaufgaben. Ein „pädagogisches Ritual" überlebt. In: NZZ, 30.9.2013

[30] http://www.schulministerium.nrw.de/docs/Recht/Schulrecht/Fragen-und-Antworten/Unterricht/Hausaufgaben/index.html. Eine noch umfangreicher formulierte Auflistung von Fragen und Antworten hält beispielsweise auch der Bildungsrat im schweizerischen Kanton Zug unter dem Titel „Hausaufgaben – Was gilt im Kanton Zug?" bereit: http://www.zg.ch/behoerden/direktion-fur-bildung-und-kultur/schulinfo/fokus/hausaufgaben-was-gilt-im-kanton-zug.

[31] Aktenzeichen: 3 B 188/02. http://openjur.de/u/313727.html

[32] Aktenzeichen: 1 K 2073/05

[33] Aktenzeichen: 6 B 157/11. http://openjur.de/u/327191.html; vgl. dazu auch das ältere Urteil unter dem Aktenzeichen 6 B 149/10

[34] Aktenzeichen: Az. M 5 K 11.489 und M 5 K 11.2949. http://openjur.de/u/491970.html

[35] Aktenzeichen: 5 LB 301/10. http://openjur.de/u/577254.html

[36] Aktenzeichen: 5 AZR 502/07. http://openjur.de/u/172452.html

„Je weniger der Lehrer zustande zu bringen weiß, desto mehr verschärft er die Hausaufgaben."

Wilhelm Jakob Georg Curtmann, deutscher Pädagoge (1802-1871)

Sinnvoll oder Selektion? Hausaufgaben im Fokus der Wissenschaft

Stimmen aus der Wissenschaft – das Leid von Schülern und Eltern wird untermauert

Die Probleme mit den Hausaufgaben sind offensichtlich so drängend und das Thema ist gleichzeitig so emotional aufgeladen, dass sich die Debatten mittlerweile mit schöner Regelmäßigkeit wiederholen. Das vielfältigen Leiden vieler Schülerinnen und Schüler und ihrer Familien an den Hausaufgaben wird von Stimmen aus der Wissenschaft bestätigt und untermauert, und eine öffentliche Debatte zum Änderungsbedarf schließt sich an. De facto ändert sich in der Folge jedoch wenig bis gar nichts – die Beharrungskräfte innerhalb des Bildungssystems sind zu stark. „Hausaufgaben sind ein bewährtes pädagogisches Instrument, das ich mir nicht wegnehmen lassen möchte", so äußerte sich ziemlich kategorisch eine Lehrerin bei einer Fachtagung der Deutschen Kinder- und Jugendstiftung 2013 in Düsseldorf. Sie vergaß allerdings, dass auch der Einsatz des Rohrstocks irgendwann einmal als „bewährtes pädagogisches Instrument" galt – und dennoch aus guten Gründen irgendwann abgeschafft wurde.

Die letzte Runde dieser öffentlichen Debatten gab es im Sommer 2013, nachdem sich die Bildungssoziologin Jutta Allmendinger, Präsidentin des renommierten Wissenschaftszentrums Berlin, in mehreren Interviews und Medienbeiträgen kritisch mit der nachmittäglichen Arbeitslast der Schülerinnen und Schüler auseinandergesetzt hatte. Klassische Hausaufgaben, wie sie bisher noch fast überall aufgegeben werden, gehörten abgeschafft, argumentierte die Wissenschaftlerin: „Erstens: In Lerngruppen, unterstützt von Lehrern, lernt es sich am besten. Lehrer können eine Rückmeldung geben. Auch stärkere Schüler lernen viel: Sie helfen den Schwächeren. Zweitens: Eltern sind nicht die besten Lehrer. Die eigene Schulzeit liegt Jahrzehnte zurück, Inhalte und Lernmethoden sind heute ganz anders. Nachhilfelehrer können sich nur wenige leisten. Drittens: Der Stress mit den Hausaufgaben ist Gift für das Familienleben. Allen fehlt es an echter Familienzeit, am Austausch, an Möglichkeiten, sozial und kulturell zu lernen."[37] Kritik kam erwartungsgemäß von konservativen Lehrerverbänden, Zustimmung von gewerkschaftlichen Gruppen und Schülervertretungen. So kündigten Lehrer und Schüler in Sachsen, Thüringen und Sachsen-Anhalt eine länderübergreifende Initiative an, die sich dafür einsetzen soll, Hausaufgaben durch „Lernaufgaben" zu ersetzen, die in der Schule gemacht werden. Und SPD-Parteichef Sigmar Gabriel nutzte das Thema direkt im Bundestagswahlkampf. In einem Zeitungsinterview sagte er: „Ich bin dafür, dass man dann Hausaufgaben abschafft. Die Ungerechtigkeit beginnt doch damit, dass Eltern, die Akademiker sind, ihren Kindern bei der höheren Schulbildung einfacher helfen können als Eltern, die nicht studiert haben. Und deswegen will ich, dass das in der Schule stattfindet und nicht im Elternhaus."[38] Argumente, die im vorliegenden Fall zwar der Wahlkampfrhetorik geschuldet waren, die aber in ganz ähnlicher Form auch von Wissenschaftlern und Schulpraktikern in der Debatte über den Sinn von Hausaufgaben immer wieder angeführt werden.

Im August 2013 lieferten sich Jutta Allmendinger und Josef Kraus, Präsident des Deutschen Lehrerverbands, im Deutschlandfunk ein scharfes Duell zum Thema. Rein statistisch mache jeder Mensch im Laufe seines Schullebens volle eineinhalb Jahre Hausaufgaben, argumentierte die Bildungssoziologin, und das immer mit dem Anspruch der Schule, dadurch die kognitive Entwicklung zu fördern. Aber: „Dieses kann die empirische Bildungsforschung so nicht bestätigen", so Allmendinger. „Von daher finde ich, dass Hausaufgaben erstens wenig bringen und zweitens die Unterschiede je nach sozialer Herkunft, also je nach Elternhaus, verschärfen" – weil es sehr auf die individuelle Konstellation von Eltern, Lehrer und Schülern ankomme, wenn es um Lernerfolge durch Hausaufgaben gehe. Mit anderen Worten: Besser gebildete Elternhäuser mit größeren ökonomischen Ressourcen können ihre Kinder bei der Erledigung der Aufgaben besser unterstützen.

Lehrervertreter Josef Kraus jedoch hielt polemisch dagegen: „Dann müssten wir Schule abschaffen, denn Schule kann nie Gleichheit herstellen", so Kraus und sprach sich „nachdrücklichst" für eine Beibehaltung der Hausaufgaben aus. Zwei pädagogische Gründe gebe es dafür: Die Aufgaben – und wie sie erledigt werden – seien „ein wichtiges pädagogisches Diagnostikum, sodass der Lehrer oder die Lehrerin dann sieht: Aha, das ist richtig gemacht, das ist okay so, ich kann mit dem Stoff weitergehen." Falsch erledigte Hausaufgaben signalisierten dagegen, dass eine Stunde oder bestimmte Teile des Stoffs noch einmal vertieft werden müssten. Kraus' zweites Argument: „Hausaufgaben sind natürlich auch ein Stück Förderung von Eigenverantwortung. Ich möchte nicht die totale Verstaatlichung von Erziehung. Dass Hausaufgaben von zu Hause erledigt werden, ist auch ein Stück Verantwortung der Familie, ein Stück Verantwortung der Schüler, ein Stück Verantwortung der Eltern." Die allerdings seien nicht für die Bearbeitung der Aufgaben zuständig: „Es hat überhaupt keinen Zweck, wenn die Eltern ihren Kindern die Hausaufgaben erledigen. Sie sollen dafür sorgen, dass vernünftig gearbeitet wird, dass feste Arbeitsgewohnheiten da sind."

Argumente, die Jutta Allmendiger nicht überzeugten. Schule könne sehr wohl dafür sorgen, dass die Bildungsschere zwischen Kindern aus unterschiedlichen Elternhäusern nicht noch weiter auseinandergehe. Und der Anspruch, Hausaufgaben als Feedback für die eigene pädagogische Vermittlungsleistung zu nutzen, werde von den Lehrern häufig gar nicht erfüllt: Oft sei es so, „dass Lehrer ja nur ein Häkchen dran machen, ob Hausaufgaben gemacht sind oder nicht, und sehr selten geben sie tatsächlich die Rückmeldung, ob die Prozesse, die die Kinder gewählt haben, richtig sind."

Gerede „am grünen Tisch" warf Josef Kraus der Soziologin daraufhin vor, ihr Verweis auf die Ergebnisse der empirischen Bildungsforschung sei irrelevant: „Empirie ist das eine und Schulpraxis ist das andere." Da gebe es schon „seit Jahren eine große Kluft", beide hätten sich weit voneinander entfernt. Mit anderen Worten: Die Bildungsforscherin und ihre Kollegen haben keinerlei Ahnung von der Realität im Klassenzimmer und an den Küchentischen.

Dabei erwecken gerade manche Aussagen von Kraus in dieser Radiodebatte den Eindruck einer gewissen Realitätsferne. „Die schwächeren Schüler brauchen die Hausaufgaben, weil sie einfach noch eine Einübungsschleife brauchen", argumentierte der Präsident des Lehrerverbands beispielsweise. Doch diese Argumentation reduziert den Sinn der Hausaufgaben auf rein mechanisches Wiederholen und Internalisieren bestimmter Abläufe, während ihr tieferes Verständnis gleichzeitig komplett ausgeblendet wird. Denn was hilft eine solche zusätzliche Schleife, wenn das Thema von den Kindern nicht verstanden wurde?

Immer wieder äußern auch Wissenschaftler anderer Institutionen massive Zweifel am Sinn von Hausaufgaben, wie wir sie aus dem Schulalltag kennen. Forschungsarbeiten früherer Jahrzehnte mit kritischen Ergebnissen wurden bereits im ersten Kapitel vorgestellt. Aber auch in den vergangenen Jahren spielte das Thema Hausaufgaben in den Erziehungswissenschaften wiederholt eine Rolle. So verschickte die Technische Universität Dresden im Januar 2008 eine Pressemitteilung mit der schlagkräftigen Überschrift „Hausaufgaben sind überflüssig!"[39] Die Meldung bezog sich auf Forschungen des Instituts für Berufliche Fachrichtungen, das bei Jugendlichen Strategien zum Wissenserwerb untersucht hatte. Erstaunlicherweise, stellten die Forscher fest, handelt es sich bei Hausaufgaben „offenbar mehr um ein pädagogisches Ritual als um eine im schulischen Sinn Erfolg versprechende Maßnahme. Zahlreiche Studien haben nämlich gezeigt, dass Hausaufgaben keinerlei nachweisbaren Einfluss auf die Schulnoten haben." Hans Gängler, Professor an der Fakultät für Erziehungswissenschaften der TU Dresden, argumentierte damals schon ganz ähnlich wie später seine Kollegin Jutta Allmendinger: „Gute Schüler", so Hans Gängler, „werden durch Hausaufgaben nicht unbedingt noch besser, und schlechte Schüler begreifen zu Hause durch bloßes

Wiederholen noch lange nicht, was sie schon am Vormittag nicht richtig verstanden haben." Der Erziehungswissenschaftler kommt deshalb zu einer desillusionierenden Schlussfolgerung: Es kommt überhaupt nicht darauf an, ob man die Mathe-Hausaufgaben direkt nach der Schule, nachts unter der Bettdecke oder überhaupt nicht macht – der Effekt auf die Zeugniszensur ist „gleich null". Dennoch würden Hausaufgaben von Lehrern unkritisch und flächendeckend „verordnet" in der bloßen Annahme, „sie würden schon irgendeinen positiven Effekt auf die Schüler haben". Pädagogisch-wissenschaftliche Fundierung sieht nun wirklich anders aus.

Hausaufgaben in Ganztagsschulen

Für seine Studien hatte Hans Gängler unter anderem Lehrer und Schüler an Ganztagsschulen befragt, um zu erfahren, wie sie die Hausaufgaben bewerten und einschätzen. Erschreckendes Resultat: Ein Drittel der befragten Pädagogen räumte ein, gar nicht einschätzen zu können, ob Hausaufgaben überhaupt irgendeine messbare Auswirkung auf die Schüler hätten. Hans Gängler: „Viele Lehrer gaben frei heraus zu: ‚Bei drei Vierteln meiner Schüler bringen Hausaufgaben überhaupt nichts." Demgegenüber bewerteten zwar rund 70 Prozent der Schüler die Hausaufgabenbetreuung positiv und gaben an, insgesamt weniger Fehler zu machen und ihre Aufgaben schneller erledigen zu können – doch nur ein Drittel der Schüler glaubte, dadurch verbesserten sich auch die Noten. „Eine andere Kultur der Wissensvermittlung" forderte deshalb einer der Studien-Mitarbeiter der TU Dresden, der Erziehungswissenschaftler Andreas Wiere.

Der Fokus der Dresdner Forscher lag ursprünglich vor allem auf der Entwicklung des Schulsystems durch den massiven Ausbau der Ganztagsschulen. Diese Ausweitung des Unterrichts – oder häufig auch eben nur der Betreuung – in den Nachmittag hinein hatte bundesweit auch zu einer deutlichen Erhöhung der sogenannten

„Hausaufgabenbetreuung" geführt. Nach den 2008 von Hans Gängler und seinen Kollegen erhobenen Daten war die Möglichkeit, sich gemeinsam mit anderen Schülern nach der Unterrichtszeit unter Aufsicht mit den Hausaufgaben zu beschäftigen, zumindest im Freistaat Sachsen „bei weitem das häufigste Ganztagsangebot überhaupt: 70 Prozent aller sächsischen Ganztagsschüler nehmen mehrmals in der Woche an Hausaufgabenbetreuungen teil". Gängler und sein Team wollten deshalb herausfinden, wie groß der unterstützende Effekt dieser Angebote ist, und befragten dafür rund 1300 Schülerinnen und Schüler sowie 500 Lehrerinnen und Lehrer. Das Resultat: Während die Hausaufgaben an sich „keinerlei Effekt im Hinblick auf die Schulleistung" haben, bringt jedoch eine qualifizierte pädagogische Betreuung Verbesserungen bei den Schulleistungen derjenigen, die in den Genuss dieser Betreuung kommen. Mit anderen Worten: Auf den Lehrer kommt es an – und nicht auf die gestellte Hausaufgabe.

Hinzu kommt der Aspekt, den auch andere Ungleichheitsforscher immer wieder betonen: Schüler aus einkommensschwachen Familien haben einen klaren Nachteil, wenn die Hausaufgaben zu Hause und nicht in der Betreuung gemacht werden. Die fast fünf Milliarden Euro jährlicher Ausgaben für Nachhilfe in Deutschland kämen aber gerade nicht den Schülern aus ärmeren Familien zugute, sagt der Bildungsforscher – und sieht darin ein starkes Argument für eine Schulpflicht bis in den Nachmittag hinein: „Da hilft eben die Ganztagsschule mit ihrem alternativen und natürlich kostenlosen Angebot." Weswegen Hans Gängler dafür plädiert, „die Strategien zum Wissenserwerb direkt im Unterricht zu vermitteln und durch entsprechende, pädagogisch begleitete Übungs- und Förderangebote im Rahmen der Ganztagsangebote" zu flankieren.

Die flächendeckende Einführung der Ganztagsschule wäre demnach ein entscheidender Schritt auf dem Weg zur Abschaffung der ungeliebten Hausaufgaben – ein Aspekt, der später noch zu behandeln sein wird. Untermauert wird das auch durch die Zahlen, die von der Dresdner Forschungsgruppe „Ganztagsschule" bei der Befragung der Schülerinnen und Schüler ermittelt wurden. Ganztagsschüler nehmen demnach signifikant seltener

Hausaufgaben aus der Schule mit nach Hause: „Mehr als die Hälfte der Befragten (52 Prozent) müssen höchstens einmal wöchentlich schulische Aufgaben zu Hause erledigen", heißt es in der Studie, „dagegen müssen 90 Prozent der Halbtagsschüler mehrmals in der Woche oder gar täglich Hausaufgaben machen" (siehe Abbildung).

Wie oft musst Du in der Woche noch Hausaufgaben erledigen?

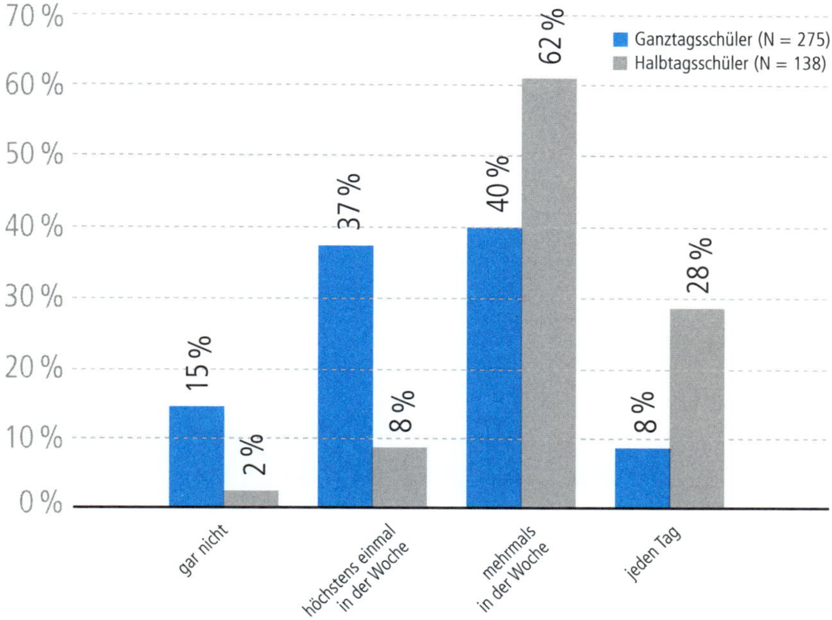

Abb.: Hausaufgabenbelastung bei Halb- und Ganztagsschüler/innen[40]

Ganz offensichtlich gelingt es an den Ganztagsschulen also, Arbeitseinheiten, die von Lehrerinnen und Lehrern normalerweise ins Elternhaus ausgelagert werden, in den Schultag zu reintegrieren – eine aus pädagogischer Sicht absolut wünschenswerte Entwicklung. Ein zweites wichtiges Ergebnis der Befragung stützt diesen Befund noch: Die Forscher haben sich auch den Grad der Verbindlichkeit angeschaut, der an den Schulen in Bezug auf den Nachmittagsunterricht herrscht. Sie gingen von der These aus, dass Schulen umso leichter auf Hausaufgaben verzichten können, je höher die

Verbindlichkeit ist, dass Schülerinnen und Schüler auch an den Betreuungs- und Unterrichtsangeboten des Nachmittags teilnehmen. Denn wenn es sich um Angebote einer gebundenen Ganztagsschule handelt, können die hier geübten Arbeits- und Lernschritte („Wiederholen, Vertiefen, Auswendiglernen, Anwenden, Erarbeiten, Entwickeln, Fertigstellen, Recherchieren und Sammeln“) viel leichter in den täglichen Schulablauf integriert werden. Tatsächlich fanden die Forscher bei ihren Befragungen heraus, dass es massive Unterschiede zwischen gebundenen, teilweise gebundenen und offenen Ganztagsangeboten gibt: „Während nur ein Viertel aller befragten Schüler an den gebundenen Schulen an drei, vier oder fünf Tagen in der Woche zu Hause noch schriftliche Hausaufgaben erledigen muss, betrifft das an den anderen Schulen immerhin 60 Prozent.“

Tage mit schriftlichen Hausaufgaben nach Organisationsform (Montag bis Freitag)

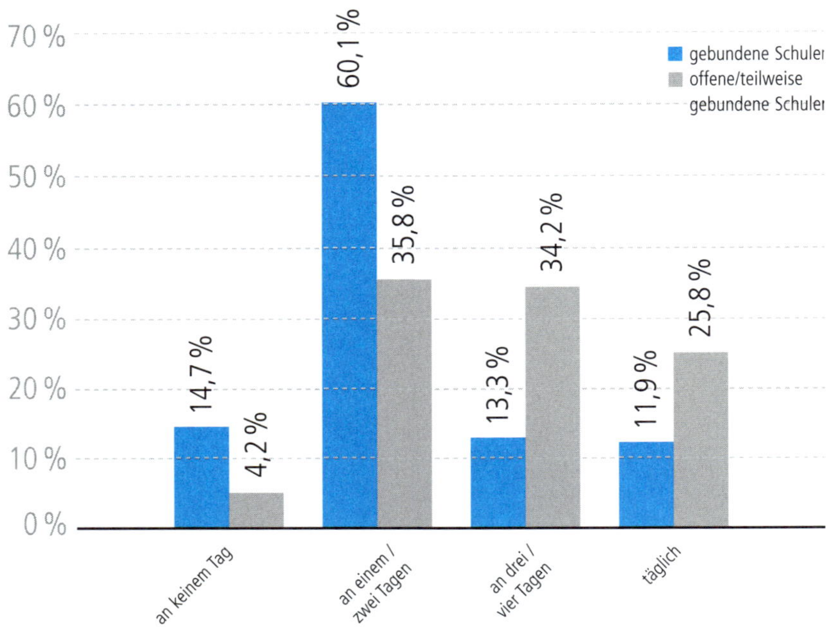

Abb.: Tage mit schriftlichen Hausaufgaben, nach Organisationsform[41]

Noch klarer fallen die Ergebnisse im Hinblick auf die Hausaufgaben an Ganztagsschulen in einer weiteren Studie aus, der wissenschaftlichen Begleitung zum Modellversuch „Sächsische Schule mit Ganztagsangeboten / Ganztagsschule"[43]. Hier werden mehrere Stufen von Verbindlichkeit des Schulangebots unterschieden. Die Forscher stellten fest: „Während nur 14 Prozent der Schüler an Schulen mit hohem Verbindlichkeitsgrad an mehr als an zwei Schultagen in der Woche schriftliche Hausaufgaben erledigen müssen, sind dies an den Schulen mit mittlerem Verbindlichkeitsgrad 30 Prozent und an offenen Ganztagsschulen 69 Prozent der Schüler, die am Ganztagsangebot teilnehmen." Ähnliche Verhältnisse gibt es im Hinblick auf die Unterrichtsvorbereitung, also eine Form der Hausaufgaben, die in nichtschriftlicher Form erbracht werden muss. „ Auch hier müssen die Schüler von gebundenen Schulen laut Schüleraussagen signifikant weniger zu Hause erledigen", heißt es in der Studie. „So gaben 40 Prozent der Schüler der offenen / teilweise gebundenen Schulen an, sich mindestens an drei Tagen der Woche zu Hause auf den Unterricht vorbereiten zu müssen. Von den Schülern der gebundenen Schulen gaben dies nur ca. 25 % an."

Die gemeinsame Lernzeit der Hausaufgabenbetreuung ist demnach auch aus erziehungswissenschaftlicher Sicht, neben den Förder- und Freizeitangeboten, „eines der Kernelemente von Ganztagsangeboten". Für die Studie waren zehn Ganztagsschulen genauer untersucht worden; an diesen Schulen äußerten 90 Prozent der befragten Eltern die Erwartung, dass Hausaufgaben im Rahmen des Ganztags erledigt werden und ihre Kinder keine zusätzlichen Aufgaben mehr mit nach Hause bringen. Eine Erwartung, die von den Wissenschaftlern ausdrücklich unterstützt wird: „Auch im Sinne des Erhaltes von Freizeit nach der Schule ist nicht einzusehen, dass Schüler, wenn sie am Nachmittag vom Ganztagsangebot nach Hause kommen, noch lange Zeit mit Hausaufgaben verbringen müssen."

Bei der Befragung der Schüler an diesen zehn Schulen zeichnete sich ebenfalls eine hohe Zustimmung zur Integration der Hausaufgabenerledigung in den Schulalltag ab. So stimmten 94 Prozent der Schüler völlig oder überwiegend der Aussage zu, dass im Rahmen der Hausaufgabenhilfe jemand als helfender Ansprechpartner zur Verfügung steht, wenn sie nicht weiter wissen; 71 Prozent lehnten die Aussage ab, dass sie die Hausaufgaben „lieber zu Hause machen" wollten.

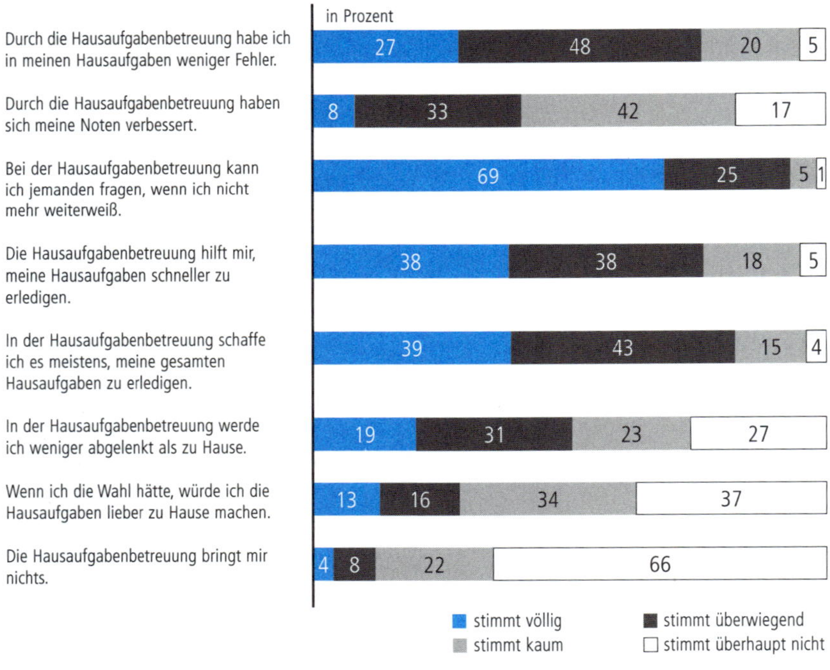

Abb.: Schülermeinungen zu Hausaufgaben und Hausaufgabenhilfe[44]

Dabei sind die Äußerungen der Schülerinnen und Schüler im Rahmen der Befragung natürlich nicht einheitlich ausgefallen. Zwei Auszüge aus den individuellen Antwortbögen haben die Forscher der TU Dresden in ihrer Ergebniszusammenfassung abgebildet. Sie machen die Bandbreite der Antworten deutlich und zeigen gleichzeitig, wie eng die Debatte um Sinn und Unsinn der Hausaufgaben mit der Organisationsform der Ganztagsschule verzahnt ist.

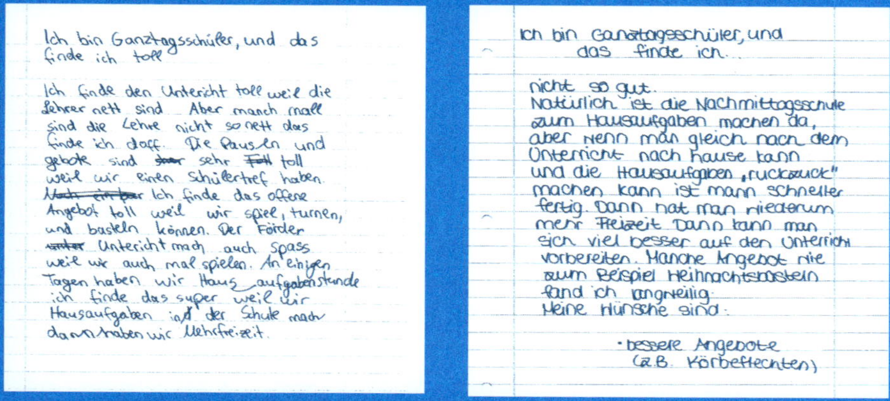

Abb: Zwei Beispiele für Schülermeinungen[45]

Hausaufgaben gehören als Schulaufgaben zurück an die Schule

Viel wissenschaftliche Unterstützung besteht also für all diejenigen, die dem Konzept der nachmittäglichen Aufgabenerledigung im häuslichen Umfeld skeptisch bis ablehnend gegenüberstehen. Allerdings äußerten sich nach der Veröffentlichung der Dresdner Ergebnisse erwartungsgemäß auch diejenigen, die Hausaufgaben für unverzichtbar halten. „Hausaufgaben sind sehr wohl sinnvoll und ein wichtiger Bestandteil schulischen Lernens"[46], äußerte sich Josef Kraus als Präsident des Deutschen Lehrerverbands. „Natürlich haben gute Schüler etwas weniger davon, weil sie den Stoff bereits im Unterricht erfasst und verstanden haben", so Kraus, „für schwächere Schüler aber sind Hausaufgaben unerlässlich, nämlich als Chance zum nachträglichen Verstehen und zum Einüben." Das jedoch, so der Lehrervertreter, sei längst nicht der einzige Sinn der nachmittäglichen Arbeitsaufgaben: „Hausaufgaben haben zudem den Zweck, dass Schüler ein eigenständiges und eigenverantwortliches Arbeiten lernen. Und den Lehrern zeigen die Hausaufgaben, was Schüler verstanden haben, was sie gegebenenfalls nicht verstanden haben und wo noch unterrichtlicher Klärungsbedarf besteht." Dazu allerdings, räumt auch Josef Kraus ein, müssten Hausaufgaben „richtig geplant und erledigt" werden: „Wenn die Hausaufgaben im Wesentlichen von den Eltern gemacht, zwischen Abendessen und Zubettgehen gequetscht oder im

Schulbus abgeschrieben werden, dann allerdings bringen sie wenig." Und wenig, muss man hinzufügen, bringen sie auch dann, wenn Lehrerinnen und Lehrer die Aufgaben nur oberflächlich begutachten und die daraus gewonnenen Erkenntnisse nicht oder kaum zum Anlass nehmen, nicht verstandenen Stoff noch einmal und gegebenenfalls auch anders aufzubereiten. Man könnte es auch anders formulieren: Damit Hausaufgaben in der von Josef Kraus formulierten Weise funktionieren und pädagogischen Ertrag bringen, müsste sich viel, sehr viel, an den Schulen und im Elternhaus, vor allem aber auch in den Köpfen der Schüler, Eltern und Lehrer ändern. Es darf bezweifelt werden, dass das gelingt – und damit sind Hausaufgaben fast automatisch zum Scheitern verurteilt. Es wäre daher sicher sinnvoller, über andere, realistischere Formen von Veränderung im Schulalltag nachzudenken.

Zu ganz ähnlichen Schlussfolgerungen kam 2013 die Erziehungswissenschaftlerin Martina Nieswandt an der Universität Kassel. Sie hatte drei Jahre lang regelmäßig fünf Familien mit türkischem Migrationshintergrund besucht. Mehrmals pro Woche schaute sich die Forscherin als teilnehmende Beobachterin an, wie die Grundschüler und ihre Eltern mit den in der Schule gestellten Hausaufgaben umgingen und unter welchen äußeren Umständen diese Aufgaben erledigt wurden[47]. Nieswandts Fazit: Hausaufgaben gehören als Schulaufgaben zurück an die Schule – und sollten gerade nicht mehr zu Hause erledigt werden, weil es zu einer unguten Vermischung von Aufgaben und Funktionen kommt. „Die Tatsache, dass diese Bestimmungen beziehungsweise die Funktionen der Hausaufgaben, also das selbstständige Üben und Wiederholen von Unterrichtsinhalten, unter Kriterien zur Leistungsfeststellung und Leistungsbewertung aufgeführt sind, verdeutlicht ein Problem, welches die Schulpädagogik hat, nämlich das Zusammenfallen von Übungs- bzw. Lernsituationen und Leistungssituationen", schreibt Martina Nieswand. „Somit enthalten die Bestimmungen über Hausaufgaben selbst, das Üben und Wiederholen zur Leistungsfeststellung und -bewertung, ein Dilemma, welches zudem zur Schule gehört, aber nicht dem Unterricht zugehörig ist."[48] Mit anderen Worten: Der Anspruch, dass Hausaufgaben einerseits der Übung, Wiederholung und Festigung des Lehrstoffs dienen, andererseits aber auch bewertet werden und die Grundlage für (Teil-)Noten bilden, ist in sich widersprüchlich und kann auch durch noch so wohlmeinende Eltern und Lehrer nicht aufgelöst werden.

Darüber hinaus hat die Erziehungswissenschaftlerin noch einen zweiten Aspekt herausgearbeitet: die sozialen Voraussetzungen, unter denen die Kinder ihre Hausaufgaben machen, und die Unterstützung, die sie dabei mehr oder weniger von Seiten ihres Elternhauses erfahren. Sie habe eben „keine Laborsituation vorgefunden, sondern den ganz normalen Hausaufgabenalltag mit verschiedenen Störfaktoren", so Martina Nieswand über ihre von der ethnographischen Forschung inspirierte Arbeit. Die von ihr besuchten Familien kamen aus allen Bildungsschichten, vom akademischen Milieu bis zu Familien, in denen die Frauen als sogenannte Heiratsmigrantinnen nach Deutschland gekommen waren und selbst zum Teil in der Türkei nur fünf Jahre lang die Schule besucht hatten. „Das allein macht schon deutlich, dass nicht jedes Elternteil gleich gut oder gleich viel bei den Hausaufgaben helfen kann", so die Forscherin, „die Voraussetzungen sind einfach nicht dieselben." Hinzu komme auch noch die Frage der Hausaufgabenkultur. So gebe es in der Türkei als Aufgaben überwiegend Fragebögen, auf denen die richtige Antwort angekreuzt werden müsse – ganz anders als in Deutschland, wo häufig unterschiedliche Lösungswege möglich und zugelassen sind und wo Antworten oft frei formuliert werden sollen.

Grundsätzlich, erklärt die Forscherin, finde mit den Hausaufgaben „Schule in der Familie" statt, und dabei komme es zu einer Kollision von zwei Einrichtungen mit ganz unterschiedlichen Funktionen: „Zunächst einmal ist die Schule für das Vermitteln von ‚Unterrichtsstoff' zuständig, während Eltern eine Fürsorgepflicht für das physische und psychische Wohlergehen ihrer Kinder haben, gleichwohl aber auch Einfluss auf die Bildungsabschlüsse ihrer Kinder nehmen möchten, zum Beispiel in Form von Hausaufgabenhilfe." Dies führte in den von ihr beobachteten Familien dazu, dass die Eltern in der Hausaufgabensituation als eine Art TÜV, als Überwachungsstelle im Auftrag der Schule, agierten: „Die Fehler, die die Kinder bei den Hausaufgaben machen, waren der Antrieb, sich über Schule zu unterhalten." So gab es Mütter, die Fehler mit der Begründung stehen gelassen hatten, die Lehrer sollten auch etwas zu tun haben; andere dagegen hatten Buchstabenreihen ihrer Kinder wieder wegradiert, weil die nicht ordentlich genug gewesen seien. Während Fehler im Klassenraum als Lernanlässe dienen können, weil hier die abweichenden oder falschen Gedankengänge sichtbar werden und als Ausgangspunkt für eine didaktische Vertiefung verwendet werden können, werden Fehler zu Hause oft verbessert, hat Martina Nieswandt festgestellt: „Damit erhalten Lehrer keinen echten Einblick in das Können der Kinder, sondern in die Überprüfungsleistungen der Eltern" – womit wiederum die Grundlage für eine Bewertung oder gar Benotung der Leistung der Kinder hinfällig ist.

Ein Problem, dessen sich auch Hausaufgabenverfechter Josef Kraus vom Deutschen Lehrerverband bewusst ist. In der schon zitierten Radiodiskussion mit der Soziologin Jutta Allmendinger stellte er fest, elterliche Hausaufgabenhilfe sei ein deutlicher Nachteil für die Schüler, „weil diese Schüler mit geschönten Hausaufgaben in die Schule kommen und letztendlich dann bei irgendwelchen Prüfungen auf die Nase fallen. Die Lehrkraft hat den Eindruck, es ist ja alles in Butter, es ist ja alles bestens, wir können ja mit dem Stoff weitermachen, aber bei der Prüfung selbst ist dann Mama oder Papa nicht dabei." Deshalb redete Kraus den hilfswilligen Eltern massiv ins Gewissen: „Man schadet den Kindern, wenn man ihnen diese Hausaufgaben abnimmt, und man behindert sie in der Entwicklung ihrer Selbstständigkeit und Eigenverantwortung." In einem Interview mit dem „Stern" formulierte der Lehrervertreter es sogar noch schärfer: „Die Verrücktheit, die ich erlebt habe, dass eine Mama, die selber nie Latein hatte, an der Volkshochschule Latein lernt, um dem Kind zu helfen, das halte ich für durchgeknallt", so Josef Kraus, „die wird ihr Kind auch nie zum Abitur bringen. Kinder sollen nicht mit schönen Hausaufgaben in die Schule kommen, sondern mit ehrlichen. Damit der Lehrer sieht: Mensch, in Klasse 5b machen die immer den gleichen Fehler, da muss ich noch eine Erklärungsschleife einbauen."[49] Gleichzeitig räumt der Lehrerverbandspräsident ein, dass sich viele seiner Kolleginnen und Kollegen bei der Hausaufgabenverteilung „in einem pädagogischen Dilemma" befinden: „Wir haben viele Fahrschüler, die um 17 Uhr zu Hause sind. Sollen wir denen noch anderthalb Stunden Hausaufgaben aufgeben?" Kraus Antwort fällt eindeutig aus: Ja klar, Hausaufgaben müssen sein, denn „gerade die Schwächsten brauchen die Übung."

Ein Argument, das auch durch Wiederholung nicht besser wird. Zum einen, weil das genaue Eingehen auf die Hausaufgaben schon aus rein zeitlichen Gründen kaum zu realisieren ist; zum anderen, weil eben die von zu Hause mitgebrachten Ergebnisse durch elterliche oder professionelle Hilfe mehr oder weniger verfälscht sind.

Dennoch hält Josef Kraus im „Stern"-Interview den absurd hohen Umfang der Nachhilfe in Deutschland – jeder zweite Gymnasiast in den Klassen 5 bis 10 bekommt bezahlte Unterstützung – nicht für ein Armutszeugnis. Zumindest nicht für eins, das der Schule ausgestellt werden müsse, sondern eher den Eltern: „Nachhilfe für ein ganzes Schuljahr oder die ganze Schullaufbahn – da läuft was verkehrt", sagt Josef Kraus, „da muss ich überlegen, ob ich dem Kind nicht mit einer anderen Schullaufbahn gerechter werde."

Hausaufgaben als Selektionsinstrument – „Geld schießt Tore"

Doch gerade vor dem hier angesprochenen Hintergrund der schulischen Laufbahnselektion kann Kraus' eindringlicher Appell an die Eltern, ihre Kinder bei den Hausaufgaben auch Fehler machen zu lassen und diese nicht zu korrigieren, eigentlich nur als weltfremd gewertet werden. Denn die milliardenschweren Ausgaben für Nachhilfe, die millionenfache Unterstützung vor allem durch Mütter ist Normalität. Und genau hier zeige sich die enorme „soziale Selektivität des Bildungssystems" am schärfsten, argumentiert Jutta Allmendinger: „Bildungsnahe Eltern kümmern sich um ihre Kinder, sie geben oft Nachhilfe. Letztlich profitieren diese Kinder, die machen höhere Abiturraten." Wenn beim Profifußball über die Finanzstärke von Vereinen und eventuelle Wettbewerbsverzerrungen durch mehr oder weniger umfangreiches Sponsoring diskutiert wird, heißt es oft: „Geld schießt Tore." Ganz ähnlich ist es bei den Hausaufgaben und der bezahlten Nachhilfe: Geld sorgt für bessere Noten. Vielleicht nicht immer, aber doch sehr, sehr oft.

Fördern Hausaufgaben selbstständiges Lernen?

Was aber ist mit einem anderen Argument, das Hausaufgabenbefürworter immer wieder anführen? Dass Hausaufgaben nämlich das selbstständige Lernen und diszipliniert Üben fördern und damit ein zusätzliches pädagogisches Mittel sind, um den zu erlernenden Stoff über das Geschehen im Unterricht hinaus zu verinnerlichen? Das Argument ist so alt wie die Idee der Hausaufgaben selbst. Schon in sehr alten Schulordnungen wie der im frühen 16. Jahrhundert für Nürnberg erlassenen „Ordnung der vier lateinischen Schulen und der armen Schüler" heißt es:

„...vnnd alle tag so die schul besuchen dreymal vor tisch vnnd dreymal nach tisch, irer lection, buchstabens oder lesens nach gestalt eins jeden lernung verhoret vnnd ine darzu gein der nacht ein latein nemlich zway lateinische gemayne wort mit irer vertewtschung vnnd beüelhe, die ihren eltern anzusagen, gegeben, vnnd sie des morgens in der schul derseleben altein widervmb erfragt vnd verhoret werden, auf das sie sollich latein dester vleißsiglicher mercken, in sich pilden vnnd behalten"[50].

Beschrieben wird hier im Grunde nichts anderes als ein Ganztagsunterricht (drei Stunden vormittags, drei Stunden nachmittags), bei dem die Schülerinnen und Schüler zusätzlich noch Lateinvokabeln zum Lernen mit nach Hause bekommen. Ganz selbstverständlich wird den Eltern dabei eine Kontroll- und Prüfungsfunktion übertragen, deren Erfüllung im Verhör des Kindes durch den Schulmeister am nächsten Tag überprüft wird. Das Ganze garniert mit der nicht weiter belegten pädagogischen Behauptung, dadurch lerne das Kind die lateinische Sprache „desto vleißsiglicher".

Nun könnte man annehmen, in den seither vergangenen fünf Jahrhunderten in der pädagogischen, lernpsychologischen oder erziehungswissenschaftlichen Forschung sei der überzeugende Nachweis gelungen, dass solche selbstständigen Übungseinheiten tatsächlich zu einem vertieften Verständnis des Lernstoffs und zu einem besseren Behalten von Inhalten führen. Doch aktuelle Untersuchungen zeigen, dass dieser Nachweis immer noch aussteht – und mutmaßlich auch gar nicht erbracht werden kann, weil nämlich die wieder und wieder beschworenen didaktisch-methodischen Lerneffekte und charakterbildenden und damit erzieherisch begründeten Ergebnisse des Selbstlernens zu Hause gar nicht erreicht werden. „Hausaufgaben und selbständiges Lernen – ein Paradoxon" ist deshalb ein Gutachten des Deutschen Jugendinstituts[51] überschrieben, das im Rahmen des Projekts „Lebenswelten als Lernwelten" schon 1999 zu dem Schluss kam, „dass die oft fraglos vorgenommene Gleichsetzung von Hausaufgabenerledigungen und Entwicklung selbständigen Lernens nicht nur nicht zwingend ist, sondern dass Hausaufgabenpraxis und selbständiges Lernen in der Regel einander widersprechen." Es sei schlichtweg „eine Illusion zu glauben, dass mangelnde Möglichkeit für selbständiges Handeln der Schüler und Schülerinnen im Unterricht einfach durch Vergabe von Hausaufgaben kompensiert werden könne. Vielmehr bedarf es zunächst und vor allem der Entwicklung einer anderen Lernkultur in der Schule, bei der Selbständigkeit und Eigenverantwortung der Kinder und Jugendlichen bei der Gestaltung des Unterrichts selbst zum Tragen kommen."

Eine mehr als klare Aussage, die von Ilse Nilshon, der Verfasserin des Gutachtens, auch historisch untermauert wird. Sie verweist auf zahlreiche Debatten und wissenschaftliche Untersuchungen, Umfragen und Studien im deutschsprachigen Raum, die sich während des gesamten 20. Jahrhunderts immer wieder mit der Sinnhaftigkeit von Hausaufgaben beschäftigt haben – und dabei immer wieder zu dem Schluss kommen: Die Idee, schulische Lern- und Erziehungsaufgaben in die Sphäre der Familie zu delegieren, funktioniert nicht. So stellten Forscherinnen und Forscher unter anderem fest, dass…

… monotone und mechanische Aufgabenformen, die den Großteil der Hausaufgaben ausmachen, gerade bei den leistungsschwächeren Schülern ineffektiv sind;

… die Hausaufgabenarten, die bei den Schülerinnen und Schülern zu den größten Lernerfolgen führen könnten, diejenigen sind, die in der Praxis am seltensten vorkommen;

… Hausaufgaben sich nicht als didaktische Verfahren eignen, um die in der Schule gehörten Unterrichtsinhalte nachhaltig zu festigen;

… sich Hausaufgaben nicht zur Ausprägung oder Schulung von Persönlichkeitsmerkmalen wie Belastbarkeit, Ausdauer, Konzentrationsfähigkeit und Arbeitstempo eignen;

… Hausaufgaben von den Schülern häufig als Disziplinierungs- und Bestrafungsinstrument wahrgenommen werden.

Hausaufgaben sind unwirksam und zudem Familienkonfliktherd

Hilmar Schwemmer, selbst Lehrer, hatte 1980 eine Studie veröffentlicht[52], für die er sich von 450 Schülerinnen und Schülern aus unterschiedlichen Jahrgangsstufen, Schulen und Bundesländern ihre Erfahrungen mit Hausaufgaben berichten ließ. Er hatte sie explizit dazu aufgefordert, insbesondere die negativen Aspekte zu erläutern, und kam damit zu einer eindrücklichen Sammlung von exemplarischen „Hausaufgabennöten" (Ilse Nilshon), die überdeutlich machte, wie konflikt- und angstbeladen die verordneten Nachmittagsaufgaben von vielen Schülern erlebt wurden. Schwemmer zog daraus vor allem Schlussfolgerungen im Hinblick auf die von ihm als „Konfliktherd" erlebte Hausaufgabensituation innerhalb der Familien. Seiner Ansicht nach gefährden Hausaufgaben den Aufbau positiver Beziehungen zwischen Eltern und Kindern genauso wie zwischen Lehrern und Schülern. Sie beeinträchtigen die Chancengleichheit wegen der ungleichen Unterstützung in den Elternhäusern und bilden letztlich eine Gefahr für die moralische Entwicklung der Schülerinnen und Schüler, weil denen mit der selbstständigen Erledigung der Hausaufgaben eine Verantwortung übertragen wird, die sie überfordert und ihrem Alter und ihren Fähigkeiten nicht gerecht wird. Schwemmers Fazit: Man muss, will man die mit den Hausaufgaben eigentlich angestrebten methodisch-didaktischen und erzieherischen Ziele erreichen, diese Funktionen systematisch in den Schulalltag und die Schulpraxis integrieren. Im häuslichen Umfeld jedenfalls sei das im Grunde nicht möglich.

Niederschmetternd sind auch die Studienergebnisse, die sich explizit auf die erzielten Lernfortschritte beziehen. Die Frage, ob es einen leistungssteigernden Effekt hat, wenn die Schülerinnen und Schüler über den Unterricht hinaus noch mit Arbeitsaufgaben belastet werden, stand auch vor über 100 Jahren im Fokus der Schulpraktiker und -theoretiker. So bemängelte schon Friedrich Schmidt 1904 in seinen „Experimentellen Untersuchungen über die Hausaufgaben des Schulkindes" das Fehlen eines „zuverlässigen Nachweises hinsichtlich der Qualität der Hausaufgaben, die doch allein ihren

Wert begründen könnte"[53]. Auch wenn Schmidts Untersuchung in zwei Volksschulklassen heutigen wissenschaftlichen Kriterien nicht genügt und eher als exemplarische Beobachtung bezeichnet werden muss, griff sie doch eine damals schon engagiert geführte Debatte auf. Der Autor untersuchte die Anzahl und Qualität von Fehlern in Arbeiten von Schülerinnen und Schülern daraufhin, ob diese Arbeiten in der Schule oder zu Hause erledigt worden waren. Die beiden Aufgaben – eine mathematische und ein Deutschaufsatz – wurden von den Schülern einmal zu Hause, einmal im Unterricht erledigt. „Schmidt konnte kein eindeutiges Ergebnis ausmachen: Während die Rechen- und Abschreibarbeiten bei der Mehrzahl der SchülerInnen weniger Fehler aufwiesen, wenn sie in der Schule angefertigt wurden, beurteilte Schmidt die Güte (Inhalt und Form) von Aufsätzen höher, wenn sie zuhause erstellt worden waren", schreibt Ilse Nilshon über die Ergebnisse.

Die schon im ersten Kapitel kurz skizzierte Untersuchung von Bernhard Wittmann mit dem Titel „Vom Sinn und Unsinn der Hausaufgaben" von 1964 ist für Nilshon „Meilenstein und zugleich Prototyp der deutschen empirischen Hausaufgabenforschung". Auch Wittmann untersuchte die Leistungen im Rechnen und Schreiben, er hatte insgesamt 362 Schülerinnen und Schüler aus drei dritten und drei siebten Klassen über mehrere Monate hinweg zum Teil mit, zum Teil ohne Hausaufgaben lernen lassen. Seine Ergebnisse bei den älteren Schülern waren nicht eindeutig, bei den Drittklässlern dagegen schon: „Zusammengefasst ergibt sich, dass bei der Messung der Rechen- und Rechtschreibleistungen am Ende der viermonatigen Experimentalperiode keine signifikanten Unterschiede vorliegen, also auch keine Wirksamkeit der Hausaufgaben behauptet werden kann"[54]. Spätere Untersuchungen bestätigten den Befund immer wieder, eine leistungsstärkende Wirkung von Hausaufgaben ließ sich nicht nachweisen.

Hausaufgaben als fragwürdiges selbstreguliertes Lernen

Den flächenmäßig größten Versuch mit einer Schule ohne Hausaufgaben gab es allerdings nicht in Deutschland, sondern in der Schweiz . Dort waren – im ersten Kapitel wurde darüber berichtet – ab dem Schuljahr 1993/1994 im Kanton Schwyz vorübergehend die Hausaufgaben abgeschafft und in den Schulalltag integriert worden. Die Erziehungswissenschaftlerin Franziska Bischof nutzte das zu einem Vergleich. Sie untersuchte, wie sich die Leistungen der Schülerinnen und Schüler im Kanton Schwyz verglichen mit denen im Kanton Zug entwickelten, wo weiterhin traditionell Hausaufgaben aufgegeben wurden[55]. 43 Schulklassen der Jahrgangsstufen vier und sechs nahm sie dafür unter die Lupe. Die Schüler mussten mehrmals einen Mathematiktest absolvieren und außerdem einen Fragebogen zu ihrem Umgang mit Hausaufgaben ausfüllen. Auch Franziska Bischof kam zu einem eindeutigen Befund: „Die Ergebnisse legen nahe, die Integration der Hausaufgaben in den Unterricht zu befürworten, da sich im Leistungsbereich keine Auswirkungen ergaben". Und noch ein anderes Ergebnis bestärke sie in ihrer Forderung nach Abschaffung der häuslichen Aufgabenpflicht: Die Schülerinnen und Schüler im hausaufgabenfreien Kanton Schwyz würden „deutlich lieber zur Schule gehen, als die gleichaltrigen im Vergleichskanton".

Ungeachtet dessen, dass der Nutzen von Hausaufgaben trotz zahlreicher Anläufe bisher nicht wissenschaftlich bestätigt werden konnte, halten dennoch viele Schulforscher und Erziehungswissenschaftler am Dogma der Aufgabenerteilung für die Zeit der außerschulischen Freizeit fest. So beispielsweise Ulrich Trautwein und Oliver Lüdtke, die in einem neueren Aufsatz[56] feststellen: „Das selbstregulierte Lernen stellt dabei nicht nur Mittel zur positiven Leistungsentwicklung dar; vielmehr soll auch das selbstregulierte Lernen gelernt werden. In der Hausaufgabensituation begegnen die Schülerinnen und Schüler meist bereits in der Grundschule den Anforderungen einer selbstregulativen Beschäftigung mit Lerninhalten; die Hausaufgabenerledigung ist in gewissem Sinne eine frühe Manifestation selbstregulativer Beschäftigung mit Lernstoff, die in modernen Gesellschaften zunehmend als Teil des lebenslangen Lernens gefordert wird. Was mit und an den Hausaufgaben gelernt werden soll, ist also eine wichtige überfachliche Kompetenz, bei deren Förderung – ähnlich wie im Falle der sozialen, emotionalen und kommunikativen Kompetenzen – regelmäßig Defizitdiagnosen gestellt werden." Das klingt, mit Verlaub, ziemlich nach einem argumentativen Zirkelschluss ohne echte pädagogische Basis: Durch selbstreguliertes Lernen soll selbstreguliertes Lernen gelernt werden – und zwar dadurch, dass den Kindern immer wieder ihr Nichtkönnen, ihre Defizite vor Augen geführt werden. Und indem das alles zu einer „wichtigen überfachlichen Kompetenz" erklärt wird, kehrt man die Fragen nach dem Sinn und der Relevanz für den schulischen Lernprozess einfach unter den Tisch.

Ansatzweise erahnen das wohl die auch die Autoren, wenn sie im Weiteren schreiben, es sei naiv zu glauben, „dass Fähigkeiten der Selbstregulation automatisch als Nebenprodukt der Hausaufgabenvergabe durch die Lehrkräfte abfallen". Auch seien elterliche Hilfsmaßnahmen bei den Hausaufgaben nicht unbedingt und in jedem Fall hilfreich. Insgesamt, so Trautwein und Lüdtke, sei die Kritik berechtigt, „dass das Potenzial der Hausaufgaben als Instrument der Förderung von Selbstregulation suboptimal genutzt wird". Doch daraus ziehen sie nicht etwa die naheliegende Konsequenz, eine Abschaffung der Hausaufgaben und eine Integration der mit ihnen verfolgten Lehrziele in die Schule zu fordern, sondern hoffen auf Verbesserung. Mit einer besseren Organisation von Hausaufgaben und einer Systematisierung der mit ihnen verbundenen Ziele lasse sich das Potenzial der Hausaufgaben viel besser nutzen. Eine Hoffnung, die angesichts der bisherigen Untersuchungen zu und den Erfahrungen mit Hausaufgaben doch wohl illusorisch ist.

Die Frustrationsschleife: Was am Vormittag in der Schule nicht verstanden wurde, gelingt am Nachmittag erst recht nicht

In seinem Buch „Nie wieder Hausaufgaben! Schritte auf dem Weg zu einer guten Schule" bringt Andreas Alders noch ein weiteres, stärker erziehungswissenschaftliches Argument gegen Hausaufgaben ins Spiel. Alders ist zwar studierter Theologe, hat sich aber seit Jahrzehnten mit den reformpädagogischen Gedanken Maria Montessoris auseinandergesetzt und in der Folge zwei Mal an der Gründung reformpädagogischer Schulen in Sachsen mitgewirkt. Er zitiert Montessori, wenn er feststellt, dass „unsere Kinder keine leeren Gefäße [sind], die mit Wissen gefüllt werden [müssen], sondern dass dieses Wissen in ihnen angelegt [ist] und die Aufgabe des Erziehers darin [besteht], dies (im ursprünglichen Sinn des Wortes) zu ‚entwickeln'. Und jetzt überlegen Sie bitte, wie viele unserer Bildungseinrichtungen 100 Jahre nach dieser bahnbrechenden Erkenntnis immer noch so arbeiten, als seien Kinder eben diese leeren Gefäße!"[57] Andreas Alders kommt richtig in Rage, wenn er dieses Thema behandelt. „Hausaufgaben im Speziellen sind Teil dieser alten Lernkultur, Teil dieser Sicht des Kindes als leeres Gefäß. Hausaufgaben werden aufgegeben, damit das Quantum, das man am Vormittag nicht geschafft hat hineinzuschütten, doch noch dazukommt. Hausaufgaben in der bisher praktizierten Form sind ausschließlich fremdbestimmt, meist für die Schüler unverständlich", echauffiert sich Alders und poltert: „Wenn der Stoff am Vormittag nicht verstanden wurde, nützen auch vier Stunden Hausaufgaben nichts. Sie tragen lediglich dazu bei, das Lernen zu verlernen, denn die Freude am Lernen weicht einem Frust und einer Angst, die von jetzt an das Lernen bestimmt." Hausaufgaben, argumentiert Alders unter Berufung auf Maria Montessori, seien einfach kein geeignetes pädagogisches Instrument – und zwar weder zur Festigung von Unterrichtsinhalten noch zur Entwicklung von Persönlichkeitsmerkmalen des Schülers wie Konzentrationsfähigkeit, Ausdauer oder Belastbarkeit.

Im Übrigen, so der Reformschulaktivist, ließen sich die Eltern vor den Karren fragwürdiger pädagogischer Konzepte spannen, die das familiäre Zusammenleben belasten: „Hausaufgaben machen Eltern zu Bütteln der Schule". Denn Mütter und Väter seien nicht in der Lage, auf eine einfache Frage des Kindes eine wirklich schlüssige Antwort zu geben: „Warum muss ich das jetzt machen?" Stattdessen wird extern, aber letztlich nicht nachvollziehbar argumentiert („Weil der Lehrer es gesagt hat"). Und weil Eltern diese ihnen fehlende vernünftige Antwort als eigenes Unvermögen oder Defizit wahrnehmen, reagieren sie oft kompensatorisch mit mehr Druck. „Für die Kinder ist dies eine nachhaltige Störung des Vertrauensverhältnisses", schreibt Alders, „sie lernen vor allem eines: Tricks und Kniffe, um sich die Situation erträglich zu gestalten, um den freien Nachmittag doch noch irgendwie zu retten. Das Belügen der Eltern im [sic!] Blick auf nicht aufgegebene beziehungsweise schon erledigte Hausaufgaben erscheint zwangsläufig."[21] Ein familiärer Teufelskreis also, ausgelöst durch eine unsinnige pädagogische Maßnahme mit fragwürdigem didaktischem Nutzen.

Zusammenfassend: Weder das Wissen noch die Selbstwirksamkeit wird erhöht

Betrachtet man die vorliegenden wissenschaftlichen Untersuchungen zum Thema Hausaufgaben zusammenfassend, so kommt man zu zwei Feststellungen: Von einer systematischen Steigerung von Leistung oder Wissen durch die Erledigung von Hausaufgaben kann nicht die Rede sein. Und: Die real zu beobachtende Hausaufgabenpraxis in den Schulen entspricht nur äußerst selten dem damit verbundenen Anspruch, Schlüsselqualifikationen zu vermitteln. Im Gegenteil: Selbstwirksamkeitserfahrungen, Motivationssteigerungen, Selbststrukturierung bleiben in aller Regel auf der Strecke. Allerhöchste Zeit also, sich mit anderen Konzepten des eigenständigen Lernens zu befassen und ein pädagogisch unbegründetes Dogma, dass irgendwie schon immer zu Schule dazugehört hat, endlich zu verabschieden. Stattdessen muss es darum gehen, Schule und Unterricht so zu gestalten, dass eigenständiges Lernen dort produktiv und in pädagogischer Begleitung stattfinden kann – zum Nutzen der Schüler und Lehrer gleichermaßen.

---

37 Beitrag in „Bild", 7.8.2013; die DLF-Sendung wurde am 14.8.2013 ausgestrahlt.

38 „Auf die Linken ist kein Verlass". Interview mit Sigmar Gabriel, in: Rhein-Zeitung, 31.8.2013

39 TU Dresden, Pressemitteilung vom 31.1.2008, http://tu-dresden.de/aktuelles/newsarchiv/2008/02/hausaufgaben; vgl. hierzu auch Hans Gängler / Thomas Markert: Hausaufgaben. Ein Auslaufmodell im Zeitalter der Ganztagsschulen? Schulmanagement, Heft 3/ 2010, S. 14-17
Weitere Informationen: http://tu-dresden.de/die_tu_dresden/fakultaeten/erzw/erzwibf/sp/forschung/ganztagsschule/Hausaufgaben%20an%20GTS.pdf

40 http://tu-dresden.de/die_tu_dresden/fakultaeten/erzw/erzwibf/sp/forschung/ganztagsschule/Hausaufgaben%20an%20GTS.pdf, S. 1

41 Ibd., S. 2

42 http://www.sachsen-macht-schule.de/schule/download/download_smk/gta_wiss_begleit.pdf, S. 5-6

43 Ibd., S. 5

44 Ibd., S. 6

45 zit. nach: http://www.lehrerverband.de/hausaufg.htm

46 Martina Nieswand: Hausaufgaben yapmak, Bad Heilbrunn 2013. http://d-nb.info/1043451803. „Yapmak" ist Türkisch für „machen" und verweist auf die von Martina Nieswand angetroffene Situation der Mehrsprachigkeit in den von ihr besuchten Familien – ein weiterer Aspekt, der das Bewältigen der Hausaufgaben erschweren kann.

47 Dies., ibd.,, S. 11; ebenso das folgende Zitat.

48 „Kein Abitur für alle!" Interview mit Josef Kraus, in: Stern, 20.8.2009

49 zitiert nach: Jutta Standop: Hausaufgaben in der Schule: Theorie, Forschung, didaktische Konsequenzen, Bad Heilbrunn 2013, S. 27

50 Ilse Nilshon: Hausaufgaben und selbständiges Lernen. Hrsg. vom Deutschen Jugendinstitut München, 1999. http://www.ssg-bildung.ub.uni-erlangen.de/Hausaufgaben_und_selbstaendiges_Lernen.pdf. Vgl. zu den folgenden Darstellungen insbesondere S. 7-30. Die Autorin gibt hier einen überaus fundierten Überblick über die Studien- und Forschungslage.

51 Hilmar Schwemmer: Was Hausaufgaben anrichten: Von der Fragwürdigkeit eines durch Jahrhunderte verewigten Tabus in der Hausaufgabenschule unserer Zeit. Neue Reihe Pädagogik, Paderborn / München / Wien / Zürich 1980

52 zitiert nach: Ilse Nilshon, 1999, S. 22

53 zitiert nach: ibd., S. 23

54 Franziska Bischof: „Wenn Hausaufgaben in die Schule gehen", in: Schule und Bildung im Kanton Schwyz, 1996, Heft 1, S. 15-17

[55] Ulrich Trautwein / Oliver Lüdtke: „Die Förderung der Selbstregulation durch Hausaufgaben – Herausforderungen und Chancen". In: Carsten Rohlfs, Marius Harring, Christian Palentien (Hrsg.): Kompetenz-Bildung – Soziale, emotionale und kommunikative Kompetenzen von Kindern und Jugendlichen, Heidelberg 2013, S. 275 ff.

[56] Andreas Alders: Nie wieder Hausaufgaben!, Norderstedt 2009, S. 47. http://d-nb.info/992914760; ebenso die folgenden Zitate.

[57] Ibd., S. 50

„Derjenige Lehrer, welcher häusliche Aufgaben aufgibt, um sich in der Schule die Mühe zu sparen, verrechnet sich ganz; die Mühe wird ihm bald desto saurer werden.“

Johann Friedrich Herbart (1776-1841), Professor für Pädagogik und Philosophie an den Universitäten Königsberg und Göttingen

Hausaufgaben – wer profitiert? Von Pädagogen, Philosophen und Politikern

Polemische Diskussionen

Wenn es um das Thema Hausaufgaben geht, wird die Wortwahl schnell besonders scharf. Wer die häuslichen Aufgaben abschaffen wolle, der plädiere für „naive Romantik und biedere Gefälligkeitspädagogik", lautet beispielsweise eine Aussage von Josef Kraus, dem Präsidenten des deutschen Lehrerverbands.

Doch mit solchen Stellungnahmen kämpft der Lehrerlobbyist bereits schulpolitische Rückzugsgefechte. Wer sich auf Bildungsmessen, Fortbildungsveranstaltungen und unter Wissenschaftlerinnen und Wissenschaftlern umhört, findet immer öfter Stimmen, die für einen mehr oder weniger radikalen Neustart in Sachen Hausaufgaben plädieren. Grund dafür ist allerdings weniger die Neubewertung dieser pädagogisch fragwürdigen und gleichwohl seit Jahrhunderten praktizierten Aufgabe, sondern eine andere Entwicklung im Schulsystem der deutschsprachigen Länder: der Trend hin zum Ganztagsunterricht. Weil dabei die Verteilung der Aufgaben im Tageslauf mitunter zwar widerwillig, aber letztlich dennoch komplett neu vorgenommen werden muss, gerät auch die Rolle der Hausaufgaben erneut in den Blick. Die Gegner der häuslichen Aufgaben könnten damit unverhofft zum Gewinner von Reformen werden, die eigentlich aus ganz anderen Gründen nötig wurden.

Beispielhaft lässt sich das an einer öffentlichen Diskussionsveranstaltung zeigen, die im Frühjahr 2014 auf der Bildungsmesse „didacta" in Stuttgart stattfand. Laut Ankündigung ging es um gleich drei ehrwürdige Traditionseinrichtungen des deutschen Schullebens: die Hausaufgaben, die Noten und das Sitzenbleiben sollten kritisch diskutiert werden. Einige der teilnehmenden Akteure sind schon im vorherigen Kapitel zu Wort gekommen.

Jutta Allmendinger, Soziologin und Präsidentin des Wissenschaftszentrums Berlin, erneuerte aus diesem Anlass noch einmal ihre grundlegende Kritik an den hergebrachten, aber nicht hinterfragten Bildungstraditionen. Sowohl die Hausaufgaben als auch das Sitzenbleiben und die Notenvergabe hängen, so die Soziologin, eng zusammen, auch wenn sie unterschiedliche Aspekte des Schulalltags betreffen. So müsse aus ihrer Sicht das Sitzenbleiben abgeschafft werden, weil es stigmatisierend sei, den Kindern keinen Leistungszuwachs bringe und deshalb nur Lebenszeit koste – ganz abgesehen von den Kosten für den Staat und die Kommunen, die die Schulen finanzieren. Zum Thema Hausaufgaben verwies Allmendinger auf die sozial selektive Wirkung der unterschiedlichen Unterstützung in den Elternhäusern, gestand aber zu, dass Hausaufgaben „möglicherweise" sinnvoll sein könnten, wenn es von den Lehrerinnen und Lehrer viel stärker Feedback zu den gefundenen (oder auch nicht gefundenen) Lösungen gebe. Zumindest, so Jutta Allmendinger, dürften Hausaufgaben auf gar keinen Fall so strukturiert sein, „dass sie zu einer permanenten Belastung zwischen Schülern und Eltern werden". Hans-Peter Vogeler, Vorsitzender des Bundeselternrats, gab sich ebenfalls kämpferisch. Schulnoten, so der Elternvertreter, sagten über das Leistungsvermögen der Kinder „überhaupt nichts aus" und seien deshalb ebenso verzichtbar wie das Sitzenbleiben.

Bildungsdiskussionen würden in Deutschland immer gleich als Glaubenskriege geführt, kommentierte Heinz-Peter Meidinger, Vorsitzender des Deutschen Philologenverbands und damit der Lehrervertreter in der Diskussionsrunde – eine Aussage, die auch für die Schweiz und Österreich gelten dürfte. Hausaufgaben, so Meidinger, könnten dann sinnvoll sein, wenn sie „richtig" gegeben würden: „Ich bin der Meinung, dass Hausaufgaben so gestellt werden müssen, dass sie ohne elterliche Hilfe bearbeitet werden können. Wenn das nicht der Fall ist – Lehrer haben ja oft nur eine ungefähre Vorstellung, was bei den Schülern angekommen ist –, dann muss auch ein Schüler das Recht haben, zum Lehrer zu gehen und zu sagen: ‚Ich hab die Hausaufgabe nicht geschafft, bitte erklär uns das nochmal!'" Gleichzeitig sei die Lehrkraft dafür verantwortlich, herausfinden, warum der eine oder andere eine Hausaufgabe nicht geschafft hat. Grundsätzlich in Frage stellen will Meidinger die Aufgaben aber nicht;

sie leiden seiner Ansicht nach nur unter einem schlechten Image und mangelnder Wertschätzung: „Das Hauptproblem ist ja, dass Hausaufgaben nicht gemacht werden." Das aber habe mit dem pädagogischen Nutzen der Aufgaben nichts zu tun.

An diesem Punkt setzte Jutta Allmendinger wieder an. Der Forschungsstand, so die Soziologin, sei eindeutig: „Wenn man Hausaufgaben macht und eine differenzierte Rückmeldung der Lehrerinnen und Lehrer bekommt, dann helfen Hausaufgaben. Wenn es so ist, dass die Kinder da nur noch repetitiv etwas machen und dann ein Häkchen drunter gemacht wird, dann braucht man diese Hausaufgaben nicht." Genau so aber ist die Alltagspraxis an den allermeisten Schulen. Hausaufgaben werden von den Lehrerinnen und Lehrern nicht als integraler Bestandteil ihres didaktischen Konzepts, sondern als Add-on wahrgenommen, dessen Bearbeitung wertvolle Unterrichtszeit kostet. Hausaufgaben sind demnach nur dann gut, wenn sie problemlos erledigt werden und keine weiteren didaktisch-fachlichen Vermittlungsschritte nach sich ziehen – was wiederum einer Form von Lernen entspricht, die mit der Realität nichts und mit der Vorstellung vom Nürnberger Trichter viel zu tun hat. „Hausaufgaben sind nur sinnvoll, wenn sie auch besprochen werden und ein Feedback haben", bestätigte auch Lehrervertreter Heinz-Peter Meidinger noch einmal. Und provozierte damit eine Zuhörerin, die sich in ihrer Wortmeldung als Lehrerin zu erkennen gab und sagte, es sei „absurd", eine differenzierte Rückmeldung für alle Hausaufgaben aller Schülerinnen und Schüler in jeder Klasse zu erwarten: „Mit einem vollen Unterrichtsdeputat ist das einfach nicht leistbar." Eine Einschätzung, die auch der Lehrervertreter teilte: „Es geht nicht, dass Sie 30 Schülern die Arbeiten individuell korrigieren. Das können sie höchstens einmal im Monat machen."

Im Ganztag, so Meidinger weiter, seien, wenn es richtig laufe, die Hausaufgaben in den Schulalltag ohnehin integriert. Die verkürzte gymnasiale Oberstufe, auch als G8 bekannt, sei dagegen häufig nur „Vormittagsschule mit angepapptem Nachmittagsunterricht". Wer dann weiter Hausaufgaben erteile, müsse zwangsläufig scheitern.

Was der Vorsitzende des Deutschen Philologenverbands hier thematisiert, ist ein grundlegendes Problem. Viele Gymnasien mit G8 sind de facto längst Ganztagsschulen, allerdings Ganztagsschulen wider Willen. Sie unterrichten zwar aus Zeitmangel auch an mehreren Nachmittagen pro Woche, haben sich konzeptionell und pädagogisch-didaktisch aber noch nicht ausreichend an die neue Struktur des Schultages angepasst. Die eigentlich notwendige, grundlegend neue Rhythmisierung hat also noch gar nicht stattgefunden – so dass hier alte Instrumente auf neue schulische Erfordernisse treffen. „Es gab mal die Verpflichtung und die Zusage: In Ganztagsschulen gibt es keine Hausaufgaben", sagt Elternvertreter Hans-Peter Vogeler, „und jetzt gucken Sie sich mal die Realität an: An eine Ganztagsschule nochmal zwei Stunden Hausaufgaben dranzuhängen, ist nicht in Ordnung. Da klauen wir unseren Kindern Freiräume, wo sie sich entwickeln könnten und auch eigene Erfahrungen in der Freizeit sammeln könnten." Woraus wiederum Jutta Allmendinger die Forderung nach einem geringeren Lehrdeputat für Pädagogen, nach kleineren Klassen und damit mehr Geld im Schulsystem ableitete, um so die Bedingungen dafür zu schaffen, dass entweder der Ganztagsunterricht oder die Hausaufgaben sinnvoll realisiert werden könnten.

Realistisch aber dürfte diese Forderung nach mehr Mitteln für das Bildungssystem kaum sein. Denn schließlich wird es derzeit schon als Erfolg gefeiert, wenn die sich abzeichnenden Rückgänge der Schülerzahlen nicht zu Kürzungen in den Bildungshaushalten führen, sondern als sogenannte demographische Rendite im System verbleiben.

Wie stark die Argumente gegen die Hausaufgaben mittlerweile sind, zeigt vielleicht am deutlichsten das Statement von Martin Frädrich von der Industrie- und Handelskammer (IHK) in Stuttgart, der ebenfalls an der didacta-Diskussion teilnahm. Als Wirtschaftsvertreter zeigte er sich zunächst davon überzeugt, dass ein guter Schulabschluss und die dafür notwendigen Kenntnisse ohne Hausaufgaben während der Schullaufbahn kaum zu erreichen seien. Am Ende der Debatte formulierte Martin

Frädrich, der bei der IHK für den Bereich Wirtschaft und Schule verantwortlich zeichnet, schon vorsichtiger: Hausaufgaben seien nur dann unersetzlich, wenn der Ganztag an einer Schule nicht funktioniere. Er hätte auch sagen können: Wir brauchen die Ganztagsschule, ohne Wenn und Aber – und wenn es strukturell irgendwo nicht klappt, müssen wir die tägliche Schulzeit trotzdem per Hausaufgaben auf den ganzen Tag ausdehnen. Aber das, so wurde deutlich, ist für ihn eben nur die zweite Wahl.

Aufgewendete Zeit für Hausaufgaben sinkt in den OECD-Ländern

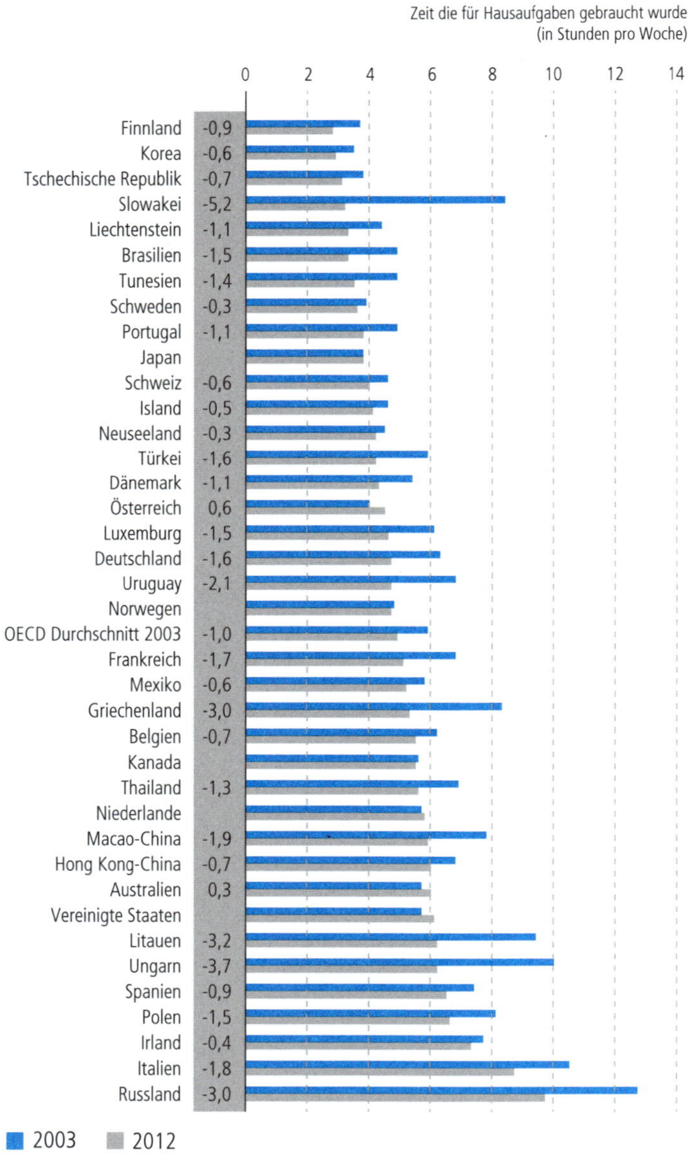

Bemerkung: Nur Länder mit vergleichbaren Daten der PISA 2003 und PISA 2012 werden gezeigt. Die Veränderungen der Hausaufgabenzeit (2012 zu 2003) werden rechts neben dem Ländernamen aufgeführt. Nur statistisch signifikante Unterschiede werden gezeigt. Der OECD-Durchschnitt 2003 vergleicht nur OECD-Länder mit vergleichbaren Ergebnissen von 2012 und 2003.
Die Länder sind aufsteigend von der niedrigsten bis zur höchsten durchschnittlichen Hausaufgabenzeit der PISA-Studie 2012 sortiert.
Quelle: OECD, PISA 2012 Datenbank, Tabelle IV.3.48

Keine Frage, die hausaufgabenskeptischen Wortmeldungen häufen sich. So veröffentlichte die OECD, die Organisation für wirtschaftliche Zusammenarbeit und Entwicklung, im Dezember 2014 eine kurze Sonderauswertung der von ihr erhobenen PISA-Daten zum Thema Hausaufgaben[58]. Mehrere Kernergebnisse hoben die Bildungswissenschaftler dabei heraus:

- Zwar verbringen die meisten 15-jährigen in den OECD-Staaten immer noch einen Teil ihrer Zeit außerhalb der Schule mit Hausaufgaben, aber der Zeitaufwand für diese Arbeit hat sich in den Jahren 2003 bis 2012 signifikant verringert und ist um rund eine Stunde zurückgegangen.

- Schüler aus sozioökonomisch besser gestellten Elternhäusern und Schüler an besser ausgestatteten Schulen verbringen tendenziell mehr Zeit mit den Hausaufgaben als ihre Mitschüler aus anderen sozioökonomischen Verhältnissen.

- Der Umfang der Hausaufgaben hat nach den Erkenntnissen der OECD-Forscher einen leichten Einfluss auf die Schulleistungen in Mathematik; ansonsten beeinflusst die Menge der Hausaufgaben den generellen Schulerfolg nicht. Andere Faktoren – etwa die Lernmotivation und das Lernumfeld – sind dafür die entscheidenden Einflussgrößen.

Dass sich ausgerechnet die OECD dezidiert mit dem Thema befasst, hat hohe bildungspolitische Relevanz: Wie kaum eine andere Organisation steht sie wegen der 2000 gestarteten PISA-Vergleichsstudien für den Trend der vergangenen Jahre, die empirische Bildungsforschung. Was dort erhoben wird, führt nicht selten zu heftigen Diskussionen und in der Folge dann häufig auch zu grundlegenden Veränderungen in der Bildungspolitik – wie etwa die Einführung von Leistungsstandards durch die deutsche Kultusministerkonferenz zeigt. Insofern ist es hochinteressant, dass die OECD-Zahlen darauf hinweisen ...

..., dass die PISA-Spitzenreiter Finnland und Korea mit nicht einmal drei Stunden wöchentlicher Hausaufgabenzeit für die 15-jährigen Schülerinnen und Schüler auch bei diesem Vergleich an der Spitze liegen;

..., dass die Schweiz (Platz 11), Österreich (Platz 16) und Deutschland (Platz 18) von der reinen Stundenzahl her noch unter dem OECD-Durchschnitt von fast fünf Stunden pro Woche liegen;

..., dass in Deutschland und der Schweiz die durchschnittliche Hausaufgabenzeit seit 2003 zurückgegangen ist, während Österreich zu den wenigen Ländern gehört, in denen die Entwicklung entgegengesetzt verlief und die wöchentlichen Hausaufgabenstunden im vergangenen Jahrzehnt sogar zugenommen haben.

Die von Jutta Allmendinger für den deutschsprachigen Raum immer wieder betonte Abhängigkeit des Hausaufgabenerfolgs vom sozioökonomischen Status des Elternhauses wird auch von den Zahlen der OECD bestätigt. Im Durchschnitt der untersuchten Länder liegt für die wöchentliche Hausaufgabenzeit der Unterschied zwischen Kindern aus eher schwierigen Verhältnissen (4,1 Stunde pro Woche) und Kindern aus bevorzugten Verhältnissen (5,7 Stunden pro Woche) bei immerhin 1,6 Stunden. Je nach Land spreizt sich das jedoch noch deutlich auf: Am stärksten ist die Differenz in Italien mit vier Stunden, mehr als 3,5 Stunden sind es außerdem in Bulgarien, Rumänien und Shanghai. Dieser „socioeconomic gap", die sozioökonomische Lücke, wie sie die Bildungsforscher nennen, habe zumindest Einfluss auf einige Schulleistungen, sagt OECD-Bildungsdirektor Andreas Schleicher: „Schüler, die mehr Zeit mit Hausaufgaben verbringen, tendieren zu höheren Punktwerten im PISA-Mathematik-Test." Dies könne im Vergleich mit anderen Schülern in OECD-Ländern dem mathematischen Unterrichtsstoff von bis zu sechs Monaten entsprechen. Allerdings sei der Einfluss der wöchentlichen Hausaufgabenstunden auf die gesamte Schulleistung deutlich geringer als etwa die Qualität des Unterrichts oder die Organisation der jeweiligen Schule und ihres Lernalltags. Um sicherzustellen, dass Hausaufgaben an dieser Stelle nicht zu einer Vergrößerung des Abstands zwischen Kindern aus besser und schlechter gestellten Familien führten, müssten, so der Bericht weiter, Schulen und Lehrer alle Kinder ermutigen, ihre Hausaufgaben vollständig zu erledigen.

Was auf den ersten Blick logisch klingt, ist bei genauerem Hinsehen jedoch ein Zirkelschluss: Die Tatsache, dass Kinder aus besser gestellten Familien ihre Hausaufgaben regelmäßiger und umfangreicher absolvieren, beruht ja gerade darauf, dass hier das sozioökonomische Umfeld ein besseres ist. Die reine Empfehlung, dass man alle Kinder „ermuntern" solle, bringt hier aller Voraussicht nach gar nichts und geht an der Realität vieler Schulen und Familien vorbei. Das scheint auch den OECD-Experten bewusst zu sein; deshalb empfehlen sie nämlich auch, dass Schulen Räumlichkeiten im Schulgebäude zur Verfügung stellen sollten, um benachteiligten Schülern die Möglichkeit zu eröffnen, ihre Hausaufgaben an einem „ruhigen, bequemen Arbeitsplatz" zu machen. Außerdem, so die OECD weiter, sollte es Hilfen für Eltern geben, um sie zu ermuntern, ihre Kinder so zu motivieren, dass diese die Hausaufgaben vollständig erledigen, „bevor sie mit Freunden rausgehen oder im Internet surfen". Nach einer durchdachten Strategie klingt das nicht – eher nach dem fast schon rührenden Versuch, das gescheiterte Modell Hausaufgaben noch irgendwie zu retten, indem man an Zustände appelliert, die einer Traumwirklichkeit zu entstammen scheinen: „Resultate aus früheren PISA-Studien legen nahe, dass erfolgreiche Schüler eher als nichterfolgreiche Schüler zu Hause einen angemessenen Platz zum Lernen haben sowie engagierte Eltern, die in der Lage sind, positive Eindrücke zu vermitteln, wenn es ums Lernen geht und um die Wichtigkeit, die Dinge zu tun, die von den Lehrern verlangt werden, inklusive der regelmäßigen Komplettierung der aufgetragenen Hausaufgaben."[59] Man könnte es auch wesentlich einfacher formulieren: Wenn sich nur alle an unsere theoretische Vorstellung von gut funktionierenden Hausaufgaben hielten, dann würden sie auch funktionieren. Nur ist das leider eben wenig realitätsnah.

Selbst Bildungsforscher, die nicht zum Lager der expliziten Hausaufgabenkritiker gehören, tun sich schwer damit, den Sinn der nachmittäglichen Extra-Arbeiten zu belegen. „The relationship between homework and achievement – still much of a mystery"[60] heißt etwa eine 2003 veröffentlichte Untersuchung von Ulrich Trautwein (Max-Planck-Institut für Bildungsforschung, Berlin) und Olaf Köller (Friedrich-Alexander-Universität, Erlangen-Nürnberg), auf Deutsch: „Der Zusammenhang zwischen Hausaufgaben und Erfolg – immer noch ein großes Geheimnis". Darin nehmen sie sich die gesamte Literatur zur Hausaufgabenforschung des 20. Jahrhunderts vor und stellen fest, dass die Bedeutung der Hausaufgaben für den Schulerfolg „im besten Fall nur teilweise verstanden" wurde. Mit anderen Worten: Ob und welchen Einfluss die Aufgaben auf Schulerfolg und Noten haben, darüber rätseln die Forscher bis heute. Gleichzeitig verweisen Trautwein und Köller auf den hochgradig politisch-emotionalen Aspekt jeder Debatte um die heilige Kuh Hausaufgaben. 1999 hatten britische Forscher eine Studie veröffentlicht, in der sie davor warnten, dem „Mehr-ist-besser"-Dogma zu folgen, wenn es um häusliche Aufgaben in der Grundschule geht. Die Reaktion des damaligen britischen Bildungsministers David Blunkett war an Schärfe und Boshaftigkeit kaum zu überbieten: „Einige Forscher sind so besessen von ihrer Kritik, so ohne jeden Bezug zur Realität, dass sie Forschungsergebnisse aufblasen, die niemand, der auch nur einen Hauch von Verstand besitzt, ernst nehmen kann."[61] Warum nur – diese Frage muss erlaubt sein – hat ein bildungspolitischer Entscheidungsträger eine offensichtlich so tief sitzende Furcht vor der Abschaffung der Hausaufgaben, dass er derart rüde kontern muss?

Hausaufgaben als Teil des ökonomistischen Bildungssystems

Um die enorme Bedeutung zu verstehen, die der Hausaufgabendiskussion ganz offensichtlich beigemessen wird, ist ein philosophischer, entgrenzterer Blick auf das

Thema sinnvoll. Der Kölner Bildungsphilosoph Matthias Burchardt hat sich 2013 in einem Artikel mit der „Ideologie des selbständigen Lerners"[62] befasst und stellt seinen Betrachtungen ein Zitat des CDU-Politikers Norbert Blüm voran, der, so Burchardt, die Funktionalisierung von Bildung „als anthropologische Invasionsmaschinerie im Dienste eines ökonomischen Totalitarismus" versteht. Blüm schreibt: „Wir haben es mit einer Wirtschaft zu tun, die sich anschickt, totalitär zu werden, weil sie alles unter den Befehl einer ökonomischen Ratio zu zwingen sucht." Dies gelte auch und besonders, so Burchardt weiter, für den Bereich der Bildungssysteme und der Pädagogik, wo sich längst ein „ökonomistisches Modell" durchgesetzt habe, das darauf angewiesen sei, von seinen Akteuren nicht in Frage gestellt zu werden. Die aktuellen Bildungsreformen im Namen von PISA und Bologna, so Burchardt, „betreiben die Errichtung eines antihumanistischen und antiaufklärerischen Menschenbildes". In einem Interview mit dem „Standard" [63] erneuerte der Bildungsphilosoph seine Kritik. Der Ruf nach einer „neuen Lernkultur" sei „Neutönerei" und eine „Strategie des Politmarketings: Man zeichnet ein Zerrbild der bewährten Pädagogik und glänzt dann in wohlfeilen Verheißungen. Methodenvielfalt im Unterricht und Selbsttätigkeit von Schülern zählen seit geraumer Zeit zu den pädagogischen Selbstverständlichkeiten", so Matthias Burchardt, „selbst die politisch absichtsvoll eskalierte Heterogenitätsproblematik, also die starke Leistungsmischung in der Schülerschaft, könnte jeder gute Lehrer mit traditionellen Mitteln bewältigen, wenn etwa die Klassen kleiner wären. Dies würde aber Kosten verursachen, die die Politik nicht aufbringen möchte."

Man muss sich dieser radikalen und kritischen Sichtweise nicht unbedingt anschließen, um dennoch zu erkennen, dass sich der Trend zur Individualisierung der Lernprozesse direkt auch auf die Hausaufgaben auswirkt. Die von Burchardt beschriebene stärkere Leistungsmischung innerhalb der Klassen und die damit einhergehende Leistungsauffächerung wird über die erteilten Aufgaben zumindest teilweise von der Schule in die Familien hinein delegiert. Die Schülerinnen und Schüler, argumentiert der Bildungsphilosoph, blieben dabei mit ihren Problemen immer öfter allein: „Eine

Generation von Kindern wird verunsichert, zunehmend mit mangelhafter Rechtschreibung und erworbenen Dyskalkulien, Schwächen in der Fachsystematik ausgestattet und deshalb weit unter ihren Möglichkeiten bleiben." Wenn dann auch noch ein wenig bildungsaffines Umfeld hinzukomme, werde es zutiefst problematisch: „Das ist besonders tragisch für Kinder aus dem Ausland oder aus armen Verhältnissen, denn Kinder aus akademischen Elternhäusern profitieren vom kulturellen Kapital ihrer Herkunft, das hilft, die Arrangements der neuen Lernkultur zu bewältigen."

Teil dieser neuen Lernkultur ist das Instrument des Feedbacks – wie sollte es auch anders sein? Wenn mehr und mehr Bildungsleistungen in Eigenregie der Schülerinnen und Schüler erbracht werden müssen und nicht mehr direkt von den Lehrerinnen und Lehrern begleitet werden, dann kann eine schulische Bewertung im Grunde nur noch über direkte und individuelle Rückmeldungen erfolgen. Ganz so, wie es ja auch in Schulgesetzen und Erlassen zum Thema Hausaufgaben gefordert wird: „Hausaufgaben müssen regelmäßig überprüft und für die weitere Arbeit im Unterricht ausgewertet werden", heißt es beispielsweise im entsprechenden Erlass in Nordrhein-Westfalen. In den Berliner Ausführungsvorschriften über Hausaufgaben steht fast wortgleich: „Alle Hausaufgaben sind je nach der Aufgabenstellung im Unterricht auszuwerten oder zu kontrollieren."

„Feedback ist offensichtlich immer gut und mehr Feedback noch besser", lästert Matthias Burchardt über die „Allgegenwart der Feedbackrationalität". Der zur Selbstständigkeit angehaltene Lerner ist das passende Gegenstück zu dieser Feedbackkultur; der Lehrer als Instrukteur und die Schüler als Lernende werden entkoppelt, der Lernprozess hochgradig rationalisiert. „Die Figur des ‚selbstgesteuerten Lerners" setzt auf Selbstregulation im Rahmen von pädagogischen Lernwelten, in denen der Lehrer nur noch als Arrangeur, Moderator und Evaluator in Erscheinung tritt", schreibt Matthias Burchardt[64]. Gerechtfertigt werde das mit der Notwendigkeit des lebenslangen Lernens auch ohne die Unterstützung einer Bildungsinstitution: „Die Erziehung zum

‚selbstregulierenden Lerner' wird als unumgänglicher Sachzwang inszeniert, auf emanzipatorische Bemäntelung wird fast vollständig verzichtet", heißt es in dem Text. „In den Zeiten des ökonomischen Totalitarismus und seiner großen Erzählung der Alternativlosigkeit kann man sich weder auf seinen Status oder seine Herkunft noch auf Wissen oder Abschlüsse verlassen: Alles kann unter fluktuierenden Marktbedingungen im Prozess der kreativen Zerstörung entwertet werden. ‚Uns' bleibt also nichts anderes übrig, als zum Unternehmer unserer ‚Bildungsbiografie' zu werden, wir sind lebenslänglich zum Lernen verurteilt." Es gehört nun nicht viel Phantasie dazu, um diese im Kontext des lebenslangen Lernens geäußerte Kritik auch auf die Funktion von Hausaufgaben zu übertragen: Die Schülerinnen und Schüler werden hier auf ein von Bildungsinstitutionen entkoppeltes Lernen vorbereitete und trainieren die kontinuierliche Selbstoptimierung. Sollte hinter Hausaufgaben tatsächlich diese Idee von der Vorbereitung auf ein eigenständiges lebenslanges Lernen stehen, hätte das nun überhaupt nichts mehr zu tun mit der in den Schulordnungen und Erlassen geforderten engen Verknüpfung von Hausaufgaben und Schulunterricht. „Die Freiheit des ‚selbständigen Lerners' ist eine funktional reduzierte Freiheit, sie fungiert als Instrument in einem Rahmen, zu dem sie sich nicht frei verhalten kann", analysiert Matthias Burchardt und trifft damit auch die Hausaufgabensituation sehr genau. Die Verantwortung für erfolgreiche oder nicht erfolgreiche Lernprozesse wird damit alleine dem Lerner aufgebürdet – und im Falle von Schulkindern mit ihren Arbeitsaufgaben auch noch der Familie. „Wenn es stimmt, dass pädagogische Modelle anthropologisch verantwortet werden müssen, wird bald die Zeit kommen, in der eine ganze Generation ‚selbstregulierter Lerner' nach den Schuldigen fragen wird, die im Namen von Bildung die Liquidation humanistischer Ansprüche und den damit erschlossenen Möglichkeiten personaler Lebensgestaltung vollzogen oder nicht verhindert haben", heißt es im Aufsatz des Bildungsphilosophen. Und er prophezeit: „Diese Frage wird nicht bloß den Charakter eines optimierungsinteressierten Feedbacks haben; sie wird eine Anklage sein."[65]

Der milliardenschwere Nachhilfemarkt im deutschsprachigen Raum

Doch es gibt nicht nur humanistische und bildungsphilosophische Gründe, sich kritisch mit der Hausaufgabenpraxis in den Schulen auseinanderzusetzen. Ein weiterer Aspekt ist die Tatsache, dass eine ganze Branche von den durch Lehrerinnen und Lehrer delegierten Arbeiten lebt: Der boomende, milliardenschwere Nachhilfemarkt würde ohne Hausaufgaben erheblich schrumpfen.

In jeder Kleinstadt gibt es mittlerweile die normalerweise im Franchise-System betriebenen Niederlassungen von Nachhilfeschulen; hinzu kommen hunderttausende Schüler und Studenten, Mütter und Lehrerinnen und Lehrer, die in Deutschland, Österreich und der Schweiz letztlich nichts anderes machen, als die aus der Schule herausdelegierte pädagogische Arbeit mit den Kindern zu übernehmen. Man könnte die Nachhilfe daher auch als schulische Schattenwirtschaft bezeichnen, die der staatlichen Kontrolle häufig entzogen ist und letztlich darauf beruht, dass das öffentliche Bildungssystem seine Schwächen durch das Abschieben von pädagogischer Verantwortung auf den einzelnen Schüler und seine Familie zu kaschieren sucht.

Es gibt nicht allzu viele Studien, die sich mit dem Thema Nachhilfe befassen – aber diejenigen, die es gibt, zeichnen ein deutliches und mitunter erschreckendes Bild. Zwischen knapp 1,5 Milliarden Euro[66] und zwei Milliarden Euro[67], so lauten verschiedene Schätzungen, geben Eltern alleine in **Deutschland** jedes Jahr für Nachhilfe aus – in aller Regel ist dieses Geld dafür gedacht, dass die Schülerinnen und Schüler bei der Bewältigung des schulischen Unterrichtsstoffs unterstützt werden. Nur weil Schulen ihre eigentlichen Vermittlungsaufgaben nicht oder nur unzureichend erfüllen, gibt es diesen Markt.

Demnach …

… erhalten 1,1 Millionen Schülerinnen und Schüler in Deutschland jedes Jahr regelmäßig Nachhilfe;

… erhielten laut Daten der PISA-Erhebung 2000 knapp 33 Prozent der befragten Neuntklässler entweder private oder kommerzielle Nachhilfestunden;

… geben Eltern, wenn ihr Kind bei einem kommerziellen Nachhilfeinstitut unterrichtet wird, fast 130 Euro pro Monat (1500 Euro pro Jahr) aus;

… geben Eltern, deren Kind privat organisierte Nachhilfe erhält, rund 62,50 Euro pro Monat (750 Euro im Jahr) aus;

… liegen die Ausgaben für Nachhilfe, bezogen auf alle Schüler im allgemeinbildenden Schulsystem, bei 108 Euro pro Schüler pro Jahr.

Baden-Württemberg	131 Euro
Hamburg	131 Euro
Saarland	129 Euro
Hessen	124 Euro
Berlin	117 Euro
Schleswig-Holstein	113 Euro
Bayern	111 Euro

So viel geben deutsche Eltern für Nachhilfe für ihr Kind aus (in ausgewählten Bundesländern)[68]

Im Vergleich zu anderen Nationen kommt der Nachhilfe in Deutschland damit eine ausgesprochen starke Bedeutung zu. „Deutschland liegt bei der Inanspruchnahme von Nachhilfe bei den Fünfzehnjährigen zwar unterhalb des OECD-Durchschnitts von

26,3 Prozent. In den skandinavischen Ländern ist der Anteil der Fünfzehnjährigen, die Nachhilfe bekommen, aber deutlich niedriger. Beispielsweise liegt er in Finnland bei nur 2,4 Prozent", heißt es in der Klemm-Studie. Auch wenn die Inanspruchnahme von Nachhilfe aus individueller Sicht sinnvoll erscheinen mag, stelle sich dennoch die Frage, „warum in einem öffentlichen Bildungssystem eine derart hohe private Nachfrage nach Nachhilfe besteht. Ein gutes öffentliches Bildungssystem sollte durch individuelle Förderung aller Schülerinnen und Schüler gewährleisten, dass für die ganz überwiegende Mehrheit der Kinder und Jugendlichen der Schulerfolg auch ohne zusätzlichen, privat finanzierten Unterricht möglich ist – insbesondere auch deshalb, weil nicht alle Elternhäuser gleichermaßen in der Lage sind, die Mittel für Nachhilfeunterricht aufzubringen."

Im Jahr 2008 veröffentlichte das Bundesbildungsministerium erstmals eine umfassende Studie zum Thema Nachhilfe. Der zufolge hatte seinerzeit bereits jeder dritte bis vierte Schüler während seiner Schullaufbahn bezahlte Nachhilfe genommen – „bei deutlichen Unterschieden zwischen den alten (25–30 Prozent) und den neuen Bundesländern (11–16 Prozent)", heißt es in der Studie. Im Übrigen sei zum damaligen Zeitpunkt „die Forschungslage zu privater Nachhilfe in Deutschland bislang lückenhaft und unübersichtlich" gewesen.

In **Österreich** erhebt die Arbeiterkammer jährlich für ihr Nachhilfebarometer Daten rund um das nachmittägliche Lernen. Der 2015 publizierten Untersuchung[69] zufolge hat sich das jährliche Volumen für private Nachhilfe um zehn Prozent auf nunmehr 119 Millionen Euro gesteigert: „Mehr Kinder brauchen Nachhilfe, der Lerndruck auf die Familien steigt", heißt es in der Studie, für die 3300 Eltern befragt wurden. Einige Teilergebnisse aus österreichischer Sicht:

Drei von vier Eltern beaufsichtigen ihre Kinder zumindest gelegentlich bei den Hausaufgaben, beim Üben und beim Lernen – und zwar in einem Drittel der Haushalte täglich.

36 Prozent der Eltern fühlen sich durch diese Unterstützung bei den Hausaufgaben und beim Lernen zeitlich „stark" oder „ziemlich" belastet. Rechnet man noch die Eltern hinzu, die sich „etwas" belastet fühlen, sind rund 70 Prozent der Eltern in einem spürbaren Maß betroffen.

Ein Drittel der Eltern in Österreich gibt an, „ziemlich" oder „sehr" unter dem Stress zu leiden, Hausaufgaben innerhalb der Familie beaufsichtigen zu müssen. In jeder vierten Familie kommt es dabei auch zu Streit und Konflikten, die als sehr belastend empfunden werden.

35 Prozent der Eltern haben im Berichtsjahr Nachhilfe für ihre Kinder in Anspruch genommen oder hätten das gerne getan, fanden aber keinen Nachhilfelehrer oder konnten ihn nicht bezahlen.

Eltern, die Nachhilfelehrer bezahlen, geben dafür in Österreich im Durchschnitt 716 Euro pro Jahr aus. Für rund die Hälfte der betroffenen Eltern bedeutet das eine starke finanzielle Belastung.

„Die Notwendigkeit einer Nachhilfe hängt nicht damit zusammen, dass die betreffenden Eltern mit ihren Kindern zu wenig lernen und üben", betonen die Forscher. Denn bei den Kindern, die Nachhilfe bekommen, ist das zeitliche Engagement der Eltern für Hilfe und Betreuung bei den Hausaufgaben genauso groß wie bei Eltern, die ohne zusätzliche Nachhilfe auskommen. Anders gesagt: Auch in Österreich versagt das Bildungssystem auf breiter Front, wenn es um die Vermittlung des schulischen Wissens geht – ansonsten wäre ein privater Zukauf von Unterrichtskapazität nicht in diesem Umfang erforderlich.

In der **Schweiz** hat die „Schweizerische Koordinationsstelle für Bildungsforschung" in zwei Studien[70] das Ausmaß und die Wirkung von Nachhilfe untersucht. Dabei zeigte sich, dass über 34 Prozent der Schülerinnen und Schüler in der 8. und 9. Klasse bezahlte

Nachhilfe erhalten. Zwei Drittel dieser Kinder besuchen diese Nachhilfe regelmäßig und damit mehrmals über einen längeren Zeitraum; und rund 35 Prozent der Nachhilfekinder, also etwa ein Drittel, musste die außerschulische Unterstützung sogar über mehrere Jahre hinweg in Anspruch nehmen und hat schon in der 5./6. Klasse bezahlte Hilfe bekommen. „Kinder aus Akademikerfamilien nehmen praktisch unabhängig vom Wohnort viel bezahlte Nachhilfe in Anspruch, und gleichzeitig weisen Kinder aus Familien mit einem niedrigen sozioökonomischen Status (und entsprechend niedrigeren Bildungsaspirationen) niedrige Nachhilfequoten auf", schreiben die Bildungsforscher: „Der verschärfte Bildungswettbewerb in den Städten zwingt den ‚Mittelstand', mittels bezahlter Nachhilfe die Startchancen seiner Kinder im Hinblick auf das überobligatorische Bildungswesen verbessern zu helfen." Der Soziologe Heinz Bude hat dafür den Begriff „Bildungspanik" geprägt, und sein gleichnamiges Buch[71] trägt bezeichnenderweise den Untertitel „Was unsere Gesellschaft spaltet". Auch für die Schweiz wird deutlich: Eltern trauen dem Bildungssystem, den Schulen und Lehrern, ganz offenbar zu einem großen Teil nicht mehr zu, dass sie die für das erfolgreiche Bestehen der Schullaufbahn notwendigen Kenntnisse vollständig vermitteln. Dies gilt umso mehr, als zwischen 2009 und 2012 der Anteil der Schülerinnen und Schüler in der Schweiz, die Nachhilfe in Anspruch genommen haben, um rund 10 Prozent gestiegen ist.

Etwas – aber nur ein kleines bisschen – relativiert werden die im deutschsprachigen Raum ermittelten Nachhilfezahlen beim Blick auf einige andere Länder. In asiatischen Staaten wie Südkorea (50 %) und Japan (70 %) ist die Nachhilfequote der Schülerinnen und Schüler noch einmal deutlich höher. Ähnlich wie in Deutschland, Österreich und der Schweiz sieht es in Polen und England aus. Die Niederlande und Kanada gehören zu den Staaten, in denen nach Zahlen des deutschen Bundesbildungsministeriums[72] die private Nachhilfe dagegen so gut wie gar keine Rolle spielt. Dabei gebe es international die Tendenz, dass Nachhilfe nicht als Angst vor schulischem Scheitern genutzt wird, sondern „zur Verschaffung eines individuellen Wettbewerbsvorteils" – womit wir wieder beim Thema Chancengerechtigkeit wären.

Ärmere Schüler erhalten schlechtere Noten

Denn wenn Nachhilfe generell benötigt wird, um Hausaufgaben adäquat zu bearbeiten und die eigenen Noten in der Schule zu verbessern, und wenn dann die Chance zur Nachhilfe unter anderem vom Geldbeutel der Eltern abhängt, dann kann von Chancengerechtigkeit nicht mehr gesprochen werden. Dies ist, da sind sich Bildungsforscher einig, ohnehin ein sehr kritischer Punkt: Der Bildungserfolg, gemessen an Schulleistungen, Noten und erreichten Abschlüssen, hängt in vielerlei Hinsicht stark vom sozioökonomischen Status des Elternhauses ab. So berichtete die „Frankfurter Rundschau" am 14. Dezember 2011[73] über eine Studie der Vodafone-Stiftung[74]. Diese hatte sich mit Leistungsdiagnostik und sozialen Ungleichheiten in deutschen und schweizerischen Schulen beschäftigt und war dabei zu dem fatalen Ergebnis gekommen, dass arme Schüler schlechtere Noten erhalten als ihre Mitschüler aus reicheren Elternhäusern – selbst dann, wenn sie die gleichen schulischen Leistungen erbringen. Besonders gravierend, heißt es in dem Bericht, mache sich dieser soziale Nachteil beim Übergang von der Grundschule auf die weiterführenden Schulen bemerkbar: „Etwa nur zur Hälfte lasse sich die konkrete Empfehlung des Grundschullehrers zum Besuch eines Gymnasiums mit der tatsächlichen Schülerleistung erklären, stellten die Forscher fest. Ein Viertel der Empfehlungen werde dagegen durch die Schichtzugehörigkeit beeinflusst, weil Lehrer bei gleicher Leistung Kindern aus Akademiker-Elternhäusern eher eine Gymnasiallaufbahn zutrauen als Arbeiter- und Migrantenkindern. Ein weiteres Viertel dieser ‚sozialen Verzerrung' entstehe bei der Empfehlung ‚durch ungleiche Notenvergabe bei gleicher Leistung' schon während der Grundschulzeit." Die Herkunft der Schüler wird also mitzensiert, schlossen die Bildungsforscher und bestätigten damit Ergebnisse, die es unter anderem schon bei den Schulleistungsvergleichen PISA und IGLU gegeben hatte – dass nämlich der soziale Status eines Schülers und seine Herkunft entscheidend für Noten und Beurteilungen durch Lehrkräfte auf dem weiteren Bildungsweg sind. Der Artikel zitiert die damalige stellvertretende Vorsitzende der Gewerkschaft Erziehung und Wissenschaft (GEW), Marianne

Demmer, mit den Worten: „Die Grundschullehrer müssen bei der Schullaufbahnempfehlung jedes Mal einen Spagat bewältigen, der ihnen von einem selektiven Schulsystem aufgezwungen wird." Bei finanziell besser gestellten Kindern würden die Lehrer sogar bei Zweifeln eher zum höheren Bildungsgang und damit zur Gymnasialempfehlung neigen – ganz einfach weil sie wissen, dass die Eltern dieser Kinder notfalls schon eine entsprechende Unterstützung durch Nachhilfe organisieren, um ihr Kind durchs Abitur zu bringen. Deutlicher kann die mit den Hausaufgaben und der Nachhilfe verbundene Ungerechtigkeit kaum werden.

In sozial schlechter gestellten Familien kann die Nachhilfe dagegen zu einem echten finanziellen Kraftakt werden. Das zeigt das Beispiel eines 16-jährigen Gymnasiasten aus Hessen, der 2011 in der Oberstufe Nachhilfe in Mathematik und Physik genommen hatte, weil er Angst um seine Versetzung hatte. Die Eltern hatten für ihren Sohn bei einem kommerziellen Nachhilfeanbieter einen Unterrichtsvertrag abgeschlossen, der 78 Euro pro Monat kostete. Da die Familie Sozialleistungen nach Hartz IV bezog, beantragte sie die Übernahme der Nachhilfekosten durch die Kommune. Als das Sozialamt die Kostenübernahme ablehnte, klagte der Schüler – und verlor[75]. Die Richter konnten nicht erkennen, dass die Nachhilfe tatsächlich zu einer Verbesserung der Noten des 16-jährigen geführt hatte. Und sie folgten der Kommune, die argumentiert hatte, „dass ein ganz erheblicher Teil der Schüler Nachhilfe benötige. Es handle sich damit nicht um einen außergewöhnlichen Bedarf des Antragstellers", heißt es im Urteil. Eine Gerichtssprecherin erklärte anschließend gegenüber Journalisten, dass das Gericht nicht mit Sicherheit habe feststellen können, „ob die Nachhilfe tatsächlich gerechtfertigt ist und ob sie geeignet ist, die wesentlichen Lernziele zu erreichen, wie es das Gesetz verlangt". Eine Kostenübernahme sei nur dann gerechtfertigt, wenn mit der Nachhilfe eine Notsituation überbrückt wird: „Es kann aber nicht sein, dass damit ein Schüler in eine höhere Schulform gepresst werden soll." Wer kein Geld hat, hat demnach auch keinen generellen Anspruch auf Nachhilfe.

Pädagogische Schattenwirtschaft

Die Nachhilfe als pädagogische Schattenwirtschaft des Schulsystems ist für große Teile der Schülerinnen und Schüler längst der alltägliche Normalfall. So ist es kein Wunder, dass auch Schulen reagieren oder genauer gesagt: reagieren müssen. „Eine wachsende Zahl von Schulen bieten Aufgabenhilfen an, bei denen die Kinder manchmal von Laien, manchmal von Lehrern und manchmal von Lehrern und Laien im Teamwork begleitet werden", schreibt Peter Krebs in seinem schon zitierten NZZ-Artikel[76]. Ohne offiziell die heilige Kuh Hausaufgaben zu schlachten oder in Frage zu stellen, unterlaufen die Schulen damit dennoch komplett die Idee, dass die Kinder im Rahmen der häuslichen Arbeit eigenständig Aufgaben strukturieren und lösen sollen. Und das ist auch überhaupt nicht schlimm – wie gezeigt wurde, kann von Eigenständigkeit bei massiver Hilfe durch Eltern oder Nachhilfeangebote schon längst keine Rede mehr sein. Das breite Angebot schulischer Betreuung für die Hausaufgaben ist deshalb ein stilles Eingeständnis, dass das jahrhundertealte Instrument der Arbeitsdelegation ins Privatleben hinein nicht funktioniert und wahrscheinlich noch nie funktioniert hat. Die Aussagen von Schulbehörden und Traditionalisten zu den Hausaufgaben werden damit zur Phrase: „Sie sind ein Fenster zur Schule und geben den Eltern Einblick, was dort läuft", zitiert Peter Krebs aus einem Merkblatt der Dienststelle Volksschulbildung des Kantons Luzern. Und im Lehrplan für die Volksschule des Kantons Zürich heißt es gleichermaßen optimistisch und realitätsfremd: „Schülerinnen und Schüler sollen Vertrauen in ihr Können gewinnen, sich daran gewöhnen, selbständig zu arbeiten, und dabei lernen, ihre Zeit einzuteilen." Spätestens dann, wenn Eltern und Nachhilfekräfte diese Selbständigkeit unterstützten und die Zeiteinteilung übernehmen, haben die vermeintlich häuslichen Aufgaben ihre Legitimation endgültig verloren. „Die Kinder erledigen die Aufgaben viel zuverlässiger", schwärmt eine Lehrerin aus der Zuger Gemeinde Neuheim, in der eine Eltern-Lehrer-Gruppe an zwei Nachmittagen pro Woche ein kostenloses Betreuungsangebot für Grundschüler aufgebaut hat. Kein Wunder, möchte man sagen: Wenn Mütter die Kinder beaufsichtigen, ist das strukturell so etwas wie zusätzlicher Unterricht oder auch Nachhilfe. Vor diesem Hintergrund mutet es fast schon seltsam und ein wenig weltfremd an, wenn Unterrichtsforscher wie Alois Niggli, Professor an der Pädagogischen Hochschule Freiburg (Schweiz), mit Blick auf die Eltern immer noch fordern: „Die Schüler sollen die Hausaufgaben tatsächlich möglichst ohne ihre Hilfe erledigen."[77] Das, so Niggli, bedeute aber kein Laisser-faire, sondern engagierte Teilhabe der Eltern an den Aufgaben: „Die Eltern können mit dem Kind über den Stoff diskutieren, es ermutigen und auch einmal trösten, wenn es versagt hat." Solche „diffusen Einflüsse" seien viel hilfreicher und effektiver als die direkte Hilfe bei den Hausaufgaben: „Wenn die Eltern zu Hilfslehrern werden, dem Kind alles zeigen oder die Aufgaben sogar selber lösen, hat das meist negative Folgen. Denn dann signalisieren sie dem Kind: Du kannst es selber nicht." Schüler würden dadurch entmutigt, gerade wenn sie Leistungsprobleme hätten. Doch der Pädagoge nutzt diese Erkenntnis vom Scheitern des klassischen Hausaufgabenkonzepts nicht, um das Instrument generell in Frage zu stellen, sondern plädiert für eine reduzierte Variante und damit doch gewissermaßen für einen behutsamen Ausstieg. Hausaufgaben in einem „vernünftigen Rahmen" – wie auch immer der aussieht – hält Alois Niggli für vertretbar. „ Wenn ein Kind pro Tag eine verkraftbare Menge Mathematikaufgaben löst, kann sich das positiv auf die Leistung auswirken. Sobald es in die Richtung einer Überforderung geht, scheint es ins Negative zu kippen." Und er plädiert dafür, die Hausaufgaben auf wenige Schulfächer zu konzentrieren, beispielsweise nur auf Mathematik und Deutsch. „Man muss nicht in allen Fächern permanent Aufgaben geben, wie das heute üblich ist", sagt Niggli, „auch einfache Kooperationsmodelle zwischen Eltern und Schule können etwas bringen." Das könnte in der Praxis in etwa so aussehen: Die Schülerinnen und Schüler erhalten im Rahmen der Leseförderung die Aufgabe, einen Text zu lesen und ihn anschließend mit ihren Eltern zu besprechen. Damit dies auch in einem pädagogisch sinnvollen Rahmen geschehen kann, müssen Väter und Mütter jedoch vorbereitet werden. „Den Eltern haben wir an zwei Kursabenden die nötigen Strategien vermittelt", berichtet Alois Niggli aus einem entsprechenden Pilotprojekt – und kommt zu einer wenig überraschenden Bilanz: „Das Resultat war positiv. Am Ende des Schuljahres hatten die Kinder in Bezug auf Aufgaben ein besseres Verhältnis zu den Eltern, und es hat sogar ihre Leselust gestärkt."

Man kann es allerdings auch ganz anders sehen: Die Schule hat es in diesem Projekt wieder einmal erfolgreich geschafft, einen Teil ihrer Aufgaben ins häusliche Umfeld zu exportieren. Dass in diesem Fall sogar eine Qualifikationsmaßnahme für die Eltern notwendig war und auch durchgesetzt werden konnte, macht nur noch deutlicher, wie wenig die Idee vom selbstständigen Lernen bei der Hausaufgabenerledigung in der Praxis funktioniert.

---

58 vgl. hierzu: OECD: PISA in focus, Nr. 46. http://www.keepeek.com/Digital-Asset-Management/oecd/education/does-homework-perpetuate-inequities-in-education_5jxrhqhtx2xt-en#page1

59 OECD: PISA in focus, Nr. 46. http://www.keepeek.com/Digital-Asset-Management/oecd/education/does-homework-perpetuate-inequities-in-education_5jxrhqhtx2xt-en#page1, S. 4

60 Ulrich Trautwein / Olaf Köller: The Relationship Between Homework and Achievement - Still Much of a Mystery. In: Educational Psychology Review, Juni 2003, Jahrgang 15-2, S. 115-145. Der Zugang zu diesem Artikel über den Verlagslink http://link.springer.com/article/10.1023%2FA%3A1023460414243 ist zwar kostenpflichtig, es gibt hier aber eine kostenfreie ausführliche Literaturliste zur Literatur der Hausaufgabenforschung im 20. Jahrhundert.

61 zit. nach: Trautwein / Köller, 2003, S. 116. Im englischen Original: „... some researchers are so obsessed with ‚critique,' so out of touch with reality, that they churn out findings which no-one with the slightest common sense could take seriously".

62 Matthias Burchardt: Bildung oder Selbstregulation? Zur Ideologie des selbständigen Lerners. In: Jochen Krautz (Hrsg.): Menschenbild und Pädagogik, Weinheim 2013

63 Matthias Burchardt: „Unsere Kinder werden zu Zwergen degradiert". In: Der Standard, 10.11.2014, S. 6

64 Matthias Burchardt: Bildung oder Selbstregulation? Zur Ideologie des selbständigen Lerners. In: Jochen Krautz (Hrsg.): Menschenbild und Pädagogik, Weinheim 2013

65 Eine Kurzfassung des Burchardt-Artikels ist unter dem Titel „Bildung oder Selbstregulation" im Magazin „lehrernrw", Heft 7/2013, erschienen. https://www.yumpu.com/de/document/view/30904878/2013-07-verband-fur-den-sekundarbereich/13

66 Klaus Klemm / Annemarie Klemm, 2010. http://www.bertelsmann-stiftung.de/fileadmin/files/BSt/Publikationen/GrauePublikationen/GP_Ausgaben_fuer_Nachhilfe.pdf

67 http://www.gew.de/index.php?eID=dumpFile&t=f&f=24005&token=7de53af907234974786b71de12e00ad9e6f1960a&sdownload=

68 vgl. Klemm / Klemm, 2010

69 http://media.arbeiterkammer.at/wien/PDF/studien/bildung/Nachhilfe_in_Oesterreich_2015.pdf

70 http://skbf-csre.ch/fileadmin/files/pdf/publikationen/Staffpaper8.pdf (2012) und http://skbf-csre.ch/fileadmin/files/pdf/publikationen/Staffpaper14.pdf (2014)

71 Heinz Bude: Bildungspanik. Was unsere Gesellschaft spaltet. München 2011

72 vgl. http://www.bmbf.de/_media/press/pm_20080505-079.pdf

73 http://www.fr-online.de/karriere/studie--arme-schueler-bekommen-schlechtere-noten,27395068,11308510.html

74 https://www.vodafone-stiftung.de/alle_publikationen.html?&tx_newsjson_pi1[showUid]=44&cHash=77c9bde76786dbdff61bdb720d3dff8c

75 vgl. http://openjur.de/u/307172.html

76 Peter Krebs: Hausaufgaben. Ein „pädagogisches Ritual" überlebt. In: NZZ, 30.9.2013. http://www.nzz.ch/wissenschaft/bildung/ein-paedagogisches-ritual-ueberlebt-1.18158736

77 Interview mit Alois Niggli: Vom Sinn und Widersinn der Hausaufgaben. In: NZZ, 39.9.2013. http://www.nzz.ch/wissenschaft/bildung/vom-sinn-und-widersinn-der-hausaufgaben-1.18158738

„Den größten Beitrag zur Erwachsenenbildung leisten Lehrer, die den Kindern recht viele Hausaufgaben geben. Denn bearbeitet werden sie ohnehin von den Eltern."

Ernst August Dölle (1898-1972), Professor für Psychologie und Pädagogik an der Wirtschaftshochschule Konstanz

Aus Hausaufgaben Schulaufgaben machen – es geht auch anders

Abschaffung von Hausaufgaben – Entwicklung echter Schulaufgaben

Traditionellerweise werden Hausaufgaben am Ende der Stunde oder Doppelstunde gegeben, kurz vor oder auch nach dem Klingeln, mitten hinein in die allgemeine Aufbruchsstimmung. Als finaler Akt einer Unterrichtseinheit, die wieder einmal viel zu kurz war, um den Stoff wie geplant komplett und mit an den richtigen Stellen eingesetzter Redundanz durchzunehmen. Die Hälfte der Kinder ist schon rausgerannt, die andere Hälfte merkt sich die Aufgaben, ohne sie aufzuschreiben – hoffentlich.

Natürlich, diese Beschreibung ist ein Klischee. Vielleicht ist ja gerade bei Ihnen, liebe Leserin, lieber Leser, alles ganz anders, zum Beispiel so:

Die Doppelstunde beginnt mit einer Arbeitsphase, in der die Schülerinnen und Schüler zunächst im Unterrichtsgespräch die Ergebnisse ihrer Hausaufgaben vorstellen. Der Lehrer gibt jedem einzelnen der 26 Kinder in der Klasse ein mehr oder weniger ausführliches Feedback, das im Durchschnitt 90 Sekunden pro Schüler beträgt. Nach rund 40 Minuten ist diese Phase beendet, und weil die vorherige Stunde mit ihren Hausaufgaben so gut geplant war, kann die Lehrperson nun thematisch exakt dort weitermachen, wo es vorgesehen war. Nach weiteren 40 Minuten konzentrierter Arbeit bleiben entspannte zehn Minuten, in denen die Hausaufgaben für die nächste Stunde gestellt, erläutert, Nachfragen beantwortet und die Notizen der Schülerinnen und Schüler daraufhin kontrolliert werden, ob sie die Aufgaben auch fehlerfrei aufgeschrieben haben. 30 Sekunden vor Ende der Stunde ist alles erledigt.

Natürlich ist diese Beschreibung ebenfalls ein Klischee – und zwar eines, das deutlich macht, mit welchen Vorstellungen das pädagogische Instrument Hausaufgaben mittlerweile überfrachtet ist. Denn diese idealisierte Schilderung greift genau das auf, was immer wieder für Hausaufgaben gefordert oder sogar schulgesetzlich festgelegt wird:

dass es ein ausführliches Feedback für die zu Hause erbrachten Leistungen gibt und dass für die Aufgabenstellung ausreichend Zeit zur Verfügung steht. Schließlich sollen die Aufgaben ja einen Lernprozess anstoßen, auf den didaktisch hingeführt werden muss. Beides – das ausführliche Feedback ebenso wie das ausreichende Zeitkontingent zur Aufgabenstellung – ist, die Betrachtungen in diesem Buch haben es gezeigt, in den allermeisten Fällen pure Illusion.

Zeit für neue Ideen also, Zeit für die Abschaffung der Hausaufgaben in ihrer bisherigen Form. Dabei ist die Idee der hausaufgabenfreien Schule, wie wir sahen, auch nicht wirklich neu. Sie hat aber derzeit eine relativ gute Chance, Gehör zu finden und umgesetzt zu werden. Denn der Umbau der Schulen in Ganztagsschulen und die vielerorts zu beobachtende Entwicklung einer neuen Rhythmisierung, die weggeht vom althergebrachten Fächerstakkato im 45-Minuten-Takt, haben enormes Veränderungspotenzial. Hinzu kommt der allgemeine Trend, Schulen bei der Gestaltung ihres Profils zunehmend Autonomie einzuräumen. Wir alle sollten uns deshalb die Chance nicht entgehen lassen, dieses Veränderungspotenzial für die Abschaffung von *Haus*aufgaben und die Entwicklung echter *Schul*aufgaben zu nutzen.

Ansätze, die ins Familienumfeld abgeschobene Lernarbeit abzuschaffen, sie zurück in die Schule zu holen und (wieder) in den Unterricht zu integrieren, gab es, wie gezeigt wurde, schon öfter. Doch sie sind fast immer gescheitert – weil nicht wirklich umgedacht wurde. Die Voraussetzung dafür, dass diese Ansätze Erfolg haben, ist, die Hausaufgaben nicht als lästiges Anhängsel einzelner Unterrichtsstunden zu begreifen, die nur aus der Perspektive des aufgabenstellenden Lehrers einzuordnen sind, sondern in ihnen ein strukturelles Problem des Schulalltags zu sehen, das letztlich nur dann erfolgreich gelöst werden kann, wenn es auch auf schulischer Ebene angesprochen und thematisiert wird. Dafür kann man auf den großen Wurf und die radikale Neugestaltung setzen (und wird voraussichtlich scheitern). Oder man kann, gewissermaßen in einem mehrstufigen Entwicklungsprozess, die Schülerinnen und Schüler mehr und mehr von den Hausaufgaben entlasten und die Schule Schritt für Schritt zu einer hausaufgabenfreien Einrichtung machen.

Entkoppelung der Lernformen vom schulischen Unterricht und Lebensweltorientierung

Neue Ideen in diese Richtung gab es bereits 1982, als der „Spiegel" in seiner schon zitierten Titelgeschichte „Schularbeiten – Alptraum der Familie"[78] über eine damals als „rühmliche Ausnahme" empfundene Schule im niedersächsischen Buchholz berichtete, wo jeder Lehrer seine Aufgaben auf einer Extratafel im Klassenzimmer notierte. Mit diesem Verfahren wurden zwei Fliegen mit einer Klappe geschlagen: Die Eintragungen fungierten einerseits als Erinnerung für die Schülerinnen und Schüler, andererseits zeigten sie aber auch den anderen Lehrern, welche Aufgaben es schon gab, so dass das gesamte Arbeitspensum auf einen Blick deutlich wurde und nicht zu viele Aufgaben auf einmal gestellt wurden. Das klingt, zugegeben, aus heutiger Sicht nicht unbedingt revolutionär. Andererseits dürfte es in vielen, vor allem weiterführenden Schulen mit häufigem Fachlehrerwechsel in den Klassen immer noch der Normalfall sein, dass die Kolleginnen und Kollegen eben nicht voneinander wissen, welche Hausaufgaben in welchem Umfang gestellt wurden. Sie erfahren das höchstens von ihren jammernden Schülern: „Puh, die Frau Meier hat uns doch schon so viel aufgegeben ..." – und nicht selten fällt die Reaktion der Lehrer dann so aus, wie es der „Spiegel" schon vor über 30 Jahren beschrieben hat: „Absprachen unter den Fachlehrern einer Klasse über das Aufgabensoll, weiß der Norderstedter Studienrat Franz Maletzke aus eigener Erfahrung, ‚sind leider die große, große Seltenheit'. Immer wieder erfahren die Schüler, wie an einer Mainzer Hauptschule, ‚was der andere Lehrer macht, interessiert mich nicht'."

In den frühen 1980er Jahren zeichnete sich jedoch ein Schwenk bei der Beurteilung von Hausaufgaben ab. Das rein mechanische Erledigen von Aufgaben, die stumpfe

Wiederholung immer gleicher Arbeitsschritte zum vermeintlichen Einüben und tieferen Verstehen hatte – zum Glück! – endlich ausgedient. Zumindest in den Richtlinien zur Lehrerausbildung. Angehende Pädagoginnen und Pädagogen wurden nun in Studium und praktischer Ausbildungsphase dazu angehalten, reine Wiederholungsaufgaben „weitgehend durch produktive Aufgaben zu ersetzen, welche in ihrer Art der Freizeitbeschäftigung angenähert sind". Doch die praktischen Vorschläge zur Umsetzung, die damals kursierten, zeigen auch, wie stark das traditionelle Denken über Schule und Hausaufgaben die Sichtweisen immer noch beeinträchtigte. So wurde zwar die Nähe der neuen Hausaufgaben zur normalen Freizeitbeschäftigung von Kindern und Jugendlichen eingefordert und die Verbindung „von Unterricht und außerschulischer Erfahrungswelt" angestrebt, doch die Umsetzungsideen zeugten immer noch auf beeindruckende Weise vom alten Denken – auch wenn es die damaligen Reformer sicher gut gemeint hatten.

- So gab es etwa die Empfehlung, Mathematikaufgaben nicht aus eintönigen Additionsaufgaben bestehen zu lassen, sondern „Preise in einem kleinen Lebensmittelgeschäft und im Supermarkt" zu vergleichen oder den Benzinverbrauch verschiedener Autos zu ermitteln. Zur normalen Freizeitbeschäftigung von Kinder und Jugendlichen gehörten solche Aktivitäten Anfang der 1980er Jahre sicher nicht.

- Für den Fremdsprachenunterricht wurde der „Umgang mit englisch abgefassten Gebrauchsanweisungen" vorgeschlagen oder auch das Übersetzen von „Anleitungen für Gesellschaftsspiele". Mau-Mau oder Doppelkopf auf Englisch oder Französisch zu erklären, ist ganz sicher eine Herausforderung – aber ist sie auch als Hausaufgabe geeignet?

- Für den Erdkundeunterricht empfahlen die Schulpädagogen Gerd Busse und Gerhard Ströhlein[79] schon 1979 Aufgabenstellungen, die „in Bezug zur Lebens- und Erfahrungswelt der Schüler stehen" und nannten Beispiele wie dieses: „Verfolge die Straße von Bettenfeld nach Manderscheid und von dort nach Patenburg! Begründe die Straßenführung, stelle Höhenunterschiede fest, die sie zu überwinden hat!" Solche Aufgaben, so die Autoren, seien für die Kinder „produktiver und abwechslungsreicher".

- Ähnliches gelte auch für den Physikunterricht: „Nach der Besprechung des Themas ‚Magnetismus / Kompass' sollen die Schüler eine ‚Heimfindestrategie' mit Hilfe von Landkarte und Kompass entwickeln, diese an einem Nachmittag ausprobieren und die Unternehmung genau protokollieren." Es stellt sich schon die Frage, ob solche Hausaufgaben wirklich an die damalige Lebens- und Erfahrungswelt der Kinder und Jugendlichen angeknüpft haben.

- Am spielerischsten und damit möglicherweise am produktivsten klingt da noch der Vorschlag, mit dem sich die Schülerinnen und Schüler der deutschen Rechtschreibung nähern sollten. Im „Spiegel"-Artikel empfahl der schwäbische Grund- und Hauptschulrektor Peter Schmidt ein „Repertoire an methodischen Varianten" wie Wortpyramiden, Worttreppen, Kreuzwort- und Schüttelrätseln. Ein Beispiel: Die Schüler erhalten ein Arbeitsblatt, auf dem auf der linken Seite einige Buchstaben notiert sind. Die Arbeitsanweisung lautet: „Schüttle die Buchstaben in der linken Spalte so, dass Wörter mit ck entstehen."

Schüttelrätsel:

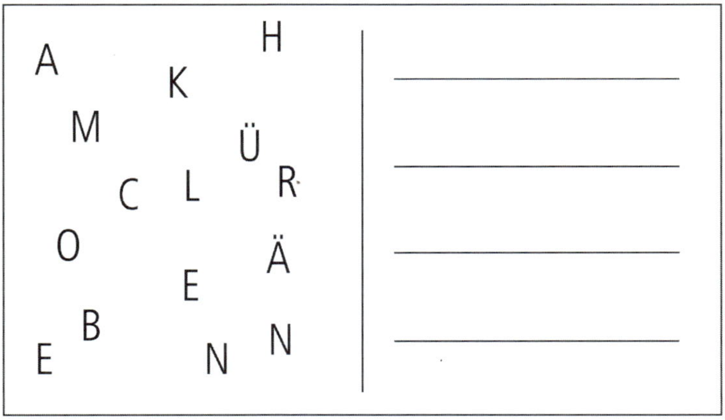

Mögliche Lösungswörter sind: Mücke, Backe, Lücke, Rücken, Lack usw.

Wenn man sich dieses Schüttelrätsel anschaut, wird schnell deutlich: Solche Aufgaben gehen in ihrem spielerisch-kreativen Anspruch weit über das traditionelle Verständnis von Hausaufgaben hinaus – und eignen sich daher auch kaum oder gar nicht zum Lernen von sich immer wieder stumpf und mechanisch wiederholenden Prozeduren.

Hier wird deutlich, wie Pädagogik im Idealfall funktioniert: Indem sie nämlich an den Entdeckungs- und Spieltrieb der Lernenden appelliert und den Schülerinnen und Schülern genau solche Anreize bietet, um sich mit bestimmten Themen zu befassen. Doch das war, vor über drei Jahrzehnten, tatsächlich noch die große Ausnahme. Die Beispiele zeigen, dass damals bei kritisch denkenden Lehrern und Schulforschern sehr wohl ein tiefes Unbehagen angesichts der Hausaufgabenpraxis zu erkennen war. Diesem Unbehagen wollten sie, das haben die zitierten Vorschläge gemeinsam, mit einer Entkoppelung der Lernformen vom schulischen Unterricht und mit einer stärkeren Orientierung am Alltag und an der Lebenswelt von Kindern und Jugendlichen begegnen. Und auch wenn das damals nur teilweise gelungen ist, zeigt es doch überdeutlich, dass Hausaufgaben als echtes pädagogisches Instrument schon um 1980 kaum funktionierten und engagierte Praktiker nach Auswegen aus dem Dilemma suchten.

Ausbau des Ganztagsunterrichts

Eine der Perspektiven, die seinerzeit verstärkt genannt wurden, war der Ausbau des Ganztagsunterrichts. Die Ganztagsschule, damals vor allem aus Schweden, Frankreich und Großbritannien bekannt, wurde auch im „Spiegel"-Text als Schulform gepriesen, die ohne Hausaufgaben auskommt: „Sie wäre der Ort, wo leistungsschwächere Schüler in Übungs- und Förderstunden unter Lehreraufsicht Unverstandenes erarbeiten und Ungeliebtes trainieren könnten, wo Lernerfolg der Kinder nicht länger von der Qualität der Elternhilfe abhängig ist. Und nach der Schule wäre für Schüler und Eltern wirklich frei." Argumentiert wurde damals ganz ähnlich wie heute: Die Ganztagsschule könne beim Abbau von Bildungsbenachteiligung und sozioökonomischen Ungleichheiten helfen und damit den Bildungserfolg der Kinder nicht länger vom häuslichen Umfeld abhängig machen: „Denn in kinderreichen Familien oder in zu kleinen Mietwohnungen sind die Arbeitsvoraussetzungen für häusliche Schulaufgaben oft ungenügend. Arbeitsplätze am Küchentisch neben Abwasch und Essenkochen, im

Kinderzimmer neben tollenden Geschwistern oder im Wohnzimmer neben flimmernden TV-Geräten sind kaum dazu angetan, daß Kinder sich die im Unterricht ‚vermittelten Kenntnisse weiter einprägen' oder erworbene ‚Fertigkeiten üben'." Die daraus zu ziehende Schlussfolgerung war damals richtig, und sie ist es heute immer noch: In Ganztagsschulen besteht die Chance, Hausaufgaben wieder dahin zu verlagern, wo sie hingehören. „Hausaufgaben müssten eigentlich Schularbeiten heißen, denn sie müssten in der Schule stattfinden", sagte der 1993 verstorbene Hamburger Erziehungswissenschaftler und Professor für Didaktik, Wolfgang Schulz. Und der „Gesprächskreis Bildungsplanung", ein Beratungsgremium beim Bundesministerium für Bildung und Wissenschaft, hatte 1980 auch schon die selektiven Nebenwirkungen des deutschen Schulsystems im Blick: In der Ganztagsschule könne die „übermäßige Beanspruchung vieler Eltern und Familien, insbesondere aus bildungsfernen Schichten, durch Hausaufgaben und Hilfe bei Schularbeiten"[80] abgebaut werden, heißt es in einer Stellungnahme der Fachleute aus Wissenschaft, Wirtschaft und Gewerkschaften. Im konservativen Klima der 1980er Jahre war das jedoch offenbar zu viel Progressivität: 1987 wurde der „Gesprächskreis Bildungsplanung" von der amtierenden CDU-Bildungsministerin Dorothee Wilms ersatzlos aufgelöst. Es scheint fast so, als sei die Hausaufgabenfrage eines der letzten großen Tabus in unserer Gesellschaft, an das man nicht ungestraft rühren darf – Ähnliches konnte man schon bei der wieder rückgängig gemachten Abschaffung der Hausaufgaben im Schweizer Kanton Schwyz ab 1993 beobachten (siehe Seite Seite 81).

Widerstand gegen die Abschaffung der Hausaufgaben in der Ganztagsschule in Frankreich

Dass die tatsächliche Abschaffung des Aufgabenunsinns nicht nur im deutschsprachigen Raum auf massiven Widerstand stößt, zeigt der Blick nach Frankreich. Im Oktober 2012 kündigte Präsident François Hollande eine große Bildungs- und Schulreform an[81] – ganz so, wie er es zuvor im Wahlkampf versprochen hatte. Im Rahmen dieser Reform sollten unter anderem die Lehrerausbildung praxisnäher gestaltet und die in Frankreich traditionell sehr langen Schultage verkürzt werden. Kinderärzte hatten wiederholt darauf hingewiesen, dass Schulzeiten von 8 bis manchmal nach 17 Uhr zu lang seien. Den größten Aufreger landeten Hollande und sein damaliger Unterrichtsminister Vincent Peillon allerdings mit der Ankündigung, die Hausaufgaben abzuschaffen und deren Erledigung in den Alltag der Ganztagsschule zu integrieren. Ziel sei es, Chancenungleichheit zwischen Schülern aus verschiedenen Herkunftsmilieus abzuschaffen. Zu diesem Zweck sollten die Aufgaben gemeinsam in der Schule erledigt werden, betreut von Lehrerinnen und Lehrern, heißt es in dem von François Hollande vorgestellten Reformpapier. Seither ist in dieser Richtung nicht mehr viel passiert – und wenn derzeit noch von schulischen Strukturreformen die Rede ist, fällt das Stichwort Hausaufgaben gar nicht mehr.

Interessant ist in diesem Zusammenhang, wie die französische Debatte in Deutschland, der Schweiz und Österreich rezipiert wurde. Während die Idee vom Hausaufgaben-Aus in deutschen und schweizerischen Medien kaum aufgenommen und diskutiert wurde, meldeten sich in Österreich sofort die Verteidiger der „Hausübungen"[82], wie die Aufgaben in der Alpenrepublik genannt werden. Die damalige SPÖ-Unterrichtsministerin Claudia Schmied äußerte sich auf einer Pressekonferenz äußerst skeptisch zu den Abschaffungsplänen in Frankreich und verwies auf den Ganztagsausbau in Österreich, der ohnehin zu weniger Hausaufgaben führen werde – nicht ohne zu betonen: „Ich halte sehr viel von der individuellen Auseinandersetzung mit einem

Thema". Wo der einzelnen Schüler seine individuellen Aufgaben erledige, werde aber von Fall zu Fall verschieden sein und könne nicht durch ein allgemeines Ge- oder Verbot geregelt werden.

Unterstützung erhielt die Ministerin – erstaunlicherweise – von Schülerseite[83]. „Hausaufgaben abzuschaffen hört sich im ersten Moment sicherlich gut an, besonders für den einen oder anderen Schüler. Jedoch muss uns bewusst sein, dass sich der zu bewältigende Unterrichtsstoff dadurch nicht ändert", kritisierte Daniel Perschy von der Schülerunion, die der konservativen Volkspartei nahesteht, Hollandes Vorschlag. „Hierzu eine einfache Gleichung: Gleicher Stoffumfang kann nur mit gleichem Aufwand bewältigt werden", war sein simples Gegenargument. Die eigenständige Bearbeitung von Aufgabenstellungen, so der Schülersprecher in der bereits bekannten Tonlage der Hausaufgabenverteidiger, diene „dem Ausbau der Eigenständigkeit der Schüler und stärkt differenziertes Denken. Eine derartig polemische Forderung, ohne jeglichen Hintergrund, kann nicht ernst genommen werden. Eine solche Thematik kann nur eingebettet in eine Diskussion über die Gesamtstruktur der Lehrstoffvermittlung erfolgen." Trotz dieser strikten Position sprach sich Perschy jedoch auch dafür aus, in den Schulen Räumlichkeiten zu schaffen, die die Schülerinnen und Schüler auch außerhalb der Unterrichtszeit nutzen können. Außerdem „sollte auch nach dem Unterricht noch Lehrpersonal verfügbar sein, sodass sich der Schüler bei aufkommenden Fragen erkundigen kann. So kann der Schüler, wenn er dies möchte, Hausaufgaben auch in der Schule erledigen." Das klingt, wenn man es genauer betrachtet, ähnlich ambivalent wie die zögernden Reformer der 1980er Jahre in Deutschland: Es muss sich dringend etwas ändern in Sachen Hausaufgaben – aber bitte nicht so viel, dass das gesamte System in Frage gestellt wird. Dazu fehlt vielen Akteuren dann offenbar doch der Mut oder die Phantasie.

Fahrplan zu einer Schule ohne Hausaufgaben

Vielleicht hilft es deshalb, einem eher kleinschrittigen Fahrplan zu einer Schule ohne Hausaufgaben zu folgen. Und dabei dem Gedanken von Wolfgang Schulz zu folgen, der Hausaufgaben zu Schulaufgaben umwandeln wollte. Wohlgemerkt: Es geht nicht darum, den Schülerinnen und Schülern keine eigenständigen Lern- und Übungsleistungen mehr abzuverlangen. Wohl aber darum, das Lernen in den Verantwortungsbereich der Schule zurückzuholen – und es damit planbarer, weniger zufällig und vor allem erfolgreicher zu machen.

Schritte zu einem anderen Lernen und zu einer anderen Schule

Schritt 1: Das Problem analysieren

Wenn Sie als Lehrerin oder Lehrer das dumpfe Gefühl haben, dass es mit den Hausaufgaben an Ihrer Schule nicht so richtig gut läuft, dass Schülerinnen und Schüler die Aufgaben häufig nicht anfertigen oder nur unwillig machen, dann sollten Sie sich ein paar Minuten Zeit nehmen und im folgenden Fragebogen die Aussagen ankreuzen, denen Sie aus Ihrer persönlichen Alltagserfahrung in der Schule zumindest teilweise zustimmen. Da die Antworten nur für Sie selbst bestimmt sind, können Sie ruhig ehrlich sein.

CHECKLISTE für Lehrerinnen und Lehrer

- → Viele Schüler schreiben sich die Hausaufgaben gar nicht auf.
- → Viele Schüler verweigern die Hausaufgaben – mit ganz unterschiedlichen Ausreden (nicht gewusst, nicht verstanden, falsch aufgeschrieben / gemerkt etc.) oder sogar offensichtlichen Lügen.
- → Hausaufgabenstellung, ihre Kontrolle und Besprechung kostet (zu viel) wertvolle Unterrichtszeit.
- → Die Schüler, die Hausaufgaben erledigen, haben es eigentlich nicht nötig. Die, die sie nicht machen, hätten es dagegen oft viel nötiger.
- → Viele Schüler erkennen den Sinn der Hausaufgaben nicht.
- → Viele Schüler haben oder nehmen sich keine Zeit für die Hausaufgaben.
- → Manchmal nutze ich Hausaufgaben, um mit der Fülle des Stoffs wenigstens einigermaßen durchzukommen.
- → Manchmal nutze ich Hausaufgaben und deren Umfang, um die Klasse zu belohnen oder zu disziplinieren.
- → Manchmal gebe ich Hausaufgaben so auf, dass ich durch längere Bearbeitungszeiträume das Schulgesetz umgehe (Bestimmungen wie: keine Aufgaben am Wochenende oder von einem auf den anderen Tag bei Nachmittagsunterricht).
- → Bei mir gibt es ein anderes Problem mit den Hausaufgaben, und zwar:

  ....

Wenn Sie auch nur ein einziges Mal ein Kreuz gesetzt haben, sollten Sie in einem ruhigen Moment einmal darüber nachdenken, was *wirklich* passieren müsste, damit Hausaufgaben in Ihrem Unterricht funktionieren können. Geht es lediglich um Organisatorisches wie das richtige Aufschreiben? Bräuchten Sie eigentlich deutlich mehr Zeit, wenn Sie den Anforderungen des Gesetzgebers nachkommen und die Hausaufgaben ordentlich kontrollieren, ein individuelles Feedback geben und die Ergebnisse in den Unterricht mit einfließen lassen wollten? Sind die Erledigung oder Nicht-Erledigung der Hausaufgaben zu einem permanenten Machtspiel zwischen der Klasse oder einzelnen Schülern und Ihnen geworden?

Manche der aufgeworfenen Fragen – und noch mehr die möglichen Antworten – sind vielleicht schmerzhaft. Sich zum Beispiel einzugestehen, dass die eigene Hausaufgabenpraxis zwar nicht den Worten, wohl aber dem Sinn der gesetzlichen Vorgaben widerspricht, ist ganz sicher keine beglückende Erkenntnis. Aber sie kann der Anlass dafür sein, über kleinere und vielleicht auch größere Veränderungen im Schulalltag nachzudenken. Das Wichtigste ist: Seien Sie ehrlich zu sich selbst.

In einem weiteren Schritt könnten Sie das Gespräch mit Ihren Kolleginnen und Kollegen suchen. Gerade weil Teamarbeit noch längst nicht an jeder Schule Alltagsroutine geworden ist, könnten Sie mit dem Thema Hausaufgaben den Anfang machen: Welche Erfahrungen werden mit Hausaufgaben und ihrer Erledigung in einer bestimmten Klasse gemacht? Wie viel gibt jeder Fachlehrer auf? Gibt es eventuell Möglichkeiten, die Aufgabenbelastung untereinander abzustimmen? Es hilft wenig, wenn jeder einzelne Fachlehrer den Umfang seiner Aufgaben für gut zu bewältigen hält, sich in der Summe aber dennoch hohe Belastungen für die Schüler ergeben. Gleiches gilt, wenn durch Aufgabenerteilung über mehrere Tage hinweg die Schutzmechanismen der Hausaufgabenverordnung unterlaufen werden, nach der in aller Regel an langen Schultagen und am Wochenende keine Aufgaben erlaubt sind.

Schritt 2: Druck mindern

Wenn Sie sich entschieden haben, dem Hausaufgabendilemma entgegenzutreten, dann steht es Ihnen natürlich frei, Ihren eigenen Unterricht ab sofort hausaufgabenfrei zu gestalten. Wer das nicht kann oder will und trotzdem Veränderungsbedarf sieht, kann aber problemlos auch auf anderer Ebene aktiv werden. Der einfachste Weg ist der, sich mit den anderen Fachlehrern einer Klasse darüber zu informieren, wer wann wie viele Hausaufgaben erteilt. Diese Abstimmung untereinander kann auf einer Liste im Lehrerzimmer erfolgen, aber auch auf einer Tafel in der Klasse selbst – was den Vorteil mit sich bringt, dass diese Tafel gewissermaßen als öffentliches Hausaufgabenheft funktioniert. Bei der Bewertung der Aufgabenbelastung können Sie außerdem ruhig die Schülerinnen und Schüler mit einbeziehen. Lassen Sie sich schildern, wie sie die Hausaufgaben wahrnehmen, welche Tage besonders schwierig sind und ob und wie eine andere Verteilung der Hausaufgaben besser zu bewältigen wäre.

Wenn Sie Mut zur Transparenz haben und ein gutes Verhältnis zu Ihrer Klasse, können Sie mit den Kindern und Jugendlichen auch über den Hausaufgabenerlass in Ihrem Bundesland oder Kanton diskutieren und über die folgende Checkliste, die der aus Schritt 1 gleicht und für die Schüler modifiziert wurde. Es geht um eine ehrliche Selbsteinschätzung der Schüler – nicht um einen Kontrollbogen, den Sie hinterher einsammeln, auswerten und im schlimmsten Fall auch noch benoten!

CHECKLISTE für Schülerinnen und Schüler

→ Häufig schreibe ich mir die Hausaufgaben gar nicht auf.

→ Häufig mache ich Hausaufgaben im Bus, vor der Stunde, in den Pausen, auf dem Klo usw.

→ Wenn ich die Hausaufgaben nicht gemacht habe, fallen mir eigentlich immer irgendwelche Ausreden ein (nicht gewusst, nicht verstanden, falsch aufgeschrieben / gemerkt etc.), manchmal sind es auch Lügen.

→ Der Lehrer / die Lehrerin interessiert sich so gut wie gar nicht für die Hausaufgaben, ihre Kontrolle und Besprechung. Feedback auf meine Aufgabe erhalte ich selten oder nie.

→ Hausaufgaben und ihre Erledigung kosten mich wertvolle Freizeit.

- Ich erkenne den Sinn der Hausaufgaben häufig nicht.
- Manchmal habe ich den Eindruck, die Hausaufgaben dienen nur dazu, noch den Stoff zu behandeln, für den in der Schule keine Zeit mehr war.
- Manchmal benutzt unser Lehrer / unsere Lehrerin Hausaufgaben und deren Umfang, um uns zu belohnen oder zu disziplinieren.
- Obwohl das Schulgesetz bestimmt, dass es z. B. am Wochenende oder von einem auf den anderen Tag bei Nachmittagsunterricht keine Hausaufgaben geben soll, haben wir auch manchmal über mehrere Tage so viel auf, dass ich auch an solchen Tagen Hausaufgaben machen muss.
- Bei mir gibt es ein anderes Problem mit den Hausaufgaben, und zwar:

  ....

Nutzen Sie ein offenes Gespräch für die Auseinandersetzung über diese Aussagen mit den Schülern, in dem Sie auch auf Ihre eigenen Einschätzungen und Schwierigkeiten verweisen. Denn das Sprechen über Dinge, die als Missstand empfunden werden, kann schon zu einer Entlastung beitragen – erst recht, wenn bei diesem Gespräch möglicherweise neue Lösungsansätze gefunden und entwickelt werden.

Schritt 3: Hausaufgaben reduzieren

Der nächste, schon deutlich weiter führende Schritt liegt darin, den Umfang der Hausaufgaben gezielt und strategisch zu reduzieren. Für die individuelle Entscheidung und Umsetzung eines einzelnen Lehrers sind die Hürden nicht besonders hoch – wenn man davon absieht, dass der Stoff anders aufgegriffen und behandelt werden muss. Diese Variante ist auch deshalb relativ einfach, weil sie vor niemandem zu rechtfertigen ist und es keine Diskussionen im Kollegium um die richtige Vorgehensweise geben muss.

Manche Schulen entscheiden sich jedoch, das Thema strategisch anzugehen und den neuen Umgang mit Hausaufgaben auch sichtbar zu dokumentieren und umzusetzen. Ein Beispiel dafür ist die „Arbeitsgemeinschaft Hausaufgaben" an der früheren Hauptschule Dingolfing, über die auf Seite Seite 41 schon berichtet wurde. Zu den Ergebnissen dieser AG zählte die Einführung eines sogenannten „Stressbergers"[84]. Dahinter verbirgt sich gewissermaßen ein Gutschein, von dem jeder Schüler und jede Schülerin zu Beginn des Schuljahres eine bestimmte Anzahl erhält.

Die Abbildung zeigt den „Stressberger"-Gutschein, den der Schüler oder die Schülerin zu Beginn einer beliebigen Stunde einlösen kann, wenn er oder sie die Hausaufgaben für diese Stunde nicht erledigt hat. Eine weitere Begründung oder Entschuldigung ist nicht nötig, es gibt auch keinerlei Sanktionen oder andere Folgen für den betroffenen Schüler. Wie viele solcher „Stressberger" jedes Kind pro Halbjahr erhält, muss zuvor im Kollegium festgelegt werden – und natürlich auch, wie sie genannt werden. In vielen Schulen, die mit diesem Konzept arbeiten, ist in diesem Zusammenhang auch von „Hausaufgabengutscheinen" die Rede.

Ein noch weitergehender Schritt besteht darin, nicht nur per Gutscheinsystem einzelne Ausnahmen von der Hausaufgabenregel zuzulassen, sondern die Hausaufgaben selbst zur Ausnahme zu machen. So kann sich ein Kollegium bzw. die Schulkonferenz durchaus darauf einigen, nur noch an zwei oder drei Tagen pro Woche überhaupt Hausaufgaben vorzusehen – und beispielsweise den Dienstag und Donnerstag komplett freizuhalten, weil an diesen Tagen nachmittags Arbeits- und Sportgemeinschaften stattfinden. Das setzt allerdings eine umfangreiche Diskussion in der Schulgemeinde voraus, bei der nicht nur die Lehrerinnen und Lehrer, sondern vor allem auch die Eltern mit einbezogen werden sollten. Wesentliche Argumente für eine solche Debatte finden Sie in diesem Buch.

Schritt 4: Einführung von individuellen Lernzeiten

In dem Moment, wo eine Schule Raum und Kapazitäten für individuelle Lernzeiten im schulischen Rahmen einräumt, kann der Schritt von Haus- zu Schulaufgaben vollzogen werden. Es geht dann nicht mehr darum, Arbeit aus der Schule wegzudelegieren. Im Gegenteil: Das Kollegium und die Schule machen deutlich, dass sie sich für den Lernerfolg auch in diesen individuellen Lernphasen verantwortlich fühlen. Bei der 2008 erstellten Studie der TU Dresden zum Nachmittagsangebot an sächsischen Ganztagsschulen wurden auch zwei Schulen genauer untersucht, bei denen die Lehrerinnen und Lehrer in Deutsch, Mathematik und Englisch komplett auf Hausaufgaben verzichtet und stattdessen „Trainingsstunden" eingerichtet hatten, die sich mit ihrem Angebot am Leistungsniveau der Schüler orientierten. Als „innere Differenzierung" ist das im regulären Unterricht schon lange ein probates pädagogisches Vorgehen, das nun auch auf zusätzliche individuelle Aufgaben ausgedehnt wurde. „Die Schüler erledigen hier keine Aufgaben – sondern sie arbeiten individuell an ihren Defiziten und bekommen zusätzliche Lernmotivation", sagt allerdings der Diplom-Pädagoge Andreas Wiere, einer der an der Studie beteiligten Forscher.

Ganz ähnliche Erfahrungen hat die Liebfrauenschule gemacht, eine Grundschule in Frankfurt am Main[85]. Dort wurde zunächst in einer einjährigen Pilotphase ein Konzept erarbeitet, um die Hausaufgaben abzuschaffen und sie durch sogenannte „Lernzeiten" zu ersetzen. Weil viele Kinder nach dem Unterricht noch umliegende Horte besuchen, wurden Eltern und Hortvertreter in die Entwicklung mit eingebunden. Diese

Lernzeiten sind zusätzliche Unterrichtsstunden, die den Kindern angeboten werden und in denen jeweils gemeinsam ein Lehrer und eine pädagogische Fachkraft aus dem Hortbereich für die Vertiefung des Unterrichtsstoffes oder für die Betreuung von kleinen Lerngruppen zur Verfügung stehen. Im ersten Schuljahr beträgt der Umfang dieser Lernzeiten zwei Schulstunden pro Woche, in der zweiten und dritten Klasse sind es drei Schulstunden, im vierten Schuljahr vier Stunden. Zusätzlich hat die Liebfrauenschule noch Handreichungen für die einzelnen Klassenstufen herausgegeben, in denen den Mitarbeiterinnen und Mitarbeitern der Horte, aber auch den Eltern noch einmal erklärt wird, ob und wie ihre Unterstützung bei den individuellen Lernaufgaben der Kinder sinnvoll ist. Insgesamt raten diese Handreichungen deutlich zur Zurückhaltung.

Dabei gehen die Lernzeiten bzw. Trainingsstunden weit über eine normale Hausaufgabenbetreuung hinaus – und erfordern deshalb auch zusätzliche Planstunden bei der Kapazitätsberechnung für die jeweilige Schule. „Die Schüler aller Klassenstufen sind entsprechend ihres Leistungsstandes in unterschiedliche Kleingruppen aufgeteilt, die jeweils von einem Fachlehrer betreut werden. Die Gruppen sind je nach Lernerfolg durchlässig, und viele Schüler, die nur temporäre Defizite ausgleichen müssen, können nach kurzer Zeit in eine andere Leistungsgruppe wechseln", berichteten die sächsischen Forscher von dem Konzept, das sie vorgefunden haben. Und sie weisen noch auf einen weiteren spannenden Aspekt hin, der zeigt, dass die erteilten Aufgaben auch ernst genommen und die Arbeitsleistung der Schüler wertgeschätzt wird: „Um die volle Konzentration und Leistungsfähigkeit der Kinder in diesem Zeitraum zu nutzen, finden die Trainingsstunden im Laufe des Vormittags statt. Die wenigen Schulaufgaben, die den Kindern trotz Trainingsstunden noch aufgetragen werden, können in zwei herkömmlichen Hausaufgabenstunden am Montag und am Freitag unter Aufsicht eines Lehrers gemacht werden. Die Auflage für die Fachlehrer lautet, Hausaufgaben nur noch so zu erteilen, dass es den Kindern ermöglicht wird, diese in den dafür vorgesehenen Stunden"[86] zu erledigen. Auch wenn hier noch von „Hausaufgabenstunden" die Rede ist, handelt es sich in Wirklichkeit doch um individuelle, aber betreute Lernzeiten im Rahmen des schulischen Angebots und damit gerade nicht mehr um Hausaufgaben.

Eine Schule, die sich ein solches Konzept ins Schulprogramm schreibt, kann als ziemlich fortschrittlich bezeichnet werden. Denn hierfür ist schon viel Überzeugungsarbeit nötig – die aber im konkreten Fall bereits mit großer Zufriedenheit auf allen Seiten, bei Lehrern, Eltern und Schülern, belohnt wird.

Schritt 5: Den Ganztagstrend kreativ und mutig nutzen

Wenn Schulen als offene oder gebundene Ganztagsschule ein neues Konzept entwickeln und bisherigen Halbtagsunterricht zugunsten längerer Tagesunterrichtszeiten aufgeben, ist das gleich in mehrfacher Hinsicht eine große Chance, auch das Schulaufgabenkonzept zu reformieren. Wie bereits an mehreren Stellen gezeigt wurde, gehen Erziehungswissenschaftler und Schulpraktiker ohnehin davon aus, dass eine gute Ganztagsschule eigentlich keine zusätzlichen Aufgaben mehr ins häusliche Umfeld der Kinder delegieren muss. Doch das ist zunächst nur die Theorie. „Hausaufgaben haben auch an Ganztagsschulen noch nicht ausgedient", stellte die Deutsche Kinder- und Jugendstiftung (DKJS) anlässlich einer Fachtagung in Düsseldorf 2013 fest. „Während einige Ganztagsschulen Hausaufgaben durch individuelle Lernzeiten ersetzen, haben andere Schulen Betreuungszeiten für die Hausaufgaben." Und nutzen damit ihre Chance, einen Beitrag zu individueller Förderung zu leisten, nicht aus. „Ganztagsschulen bieten die Möglichkeit, durch das Mehr an Zeit Lehr- und Lernprozesse erfolgreicher zu gestalten, wenn sie Hausaufgaben als individuelle Lernzeiten in den Schulalltag integrieren", so die DKJS. Sie hat die Rhythmisierung des Schulalltags im Zuge der Ganztagsschulentwicklung in Deutschland, und damit verbunden auch den Umgang mit Haus- bzw. Schulaufgaben, zehn Jahre lang wissenschaftlich und konzeptionell begleitet[87]. Auch die Tübinger Erziehungswissenschaftlerin Britta Kohler empfiehlt, die Entwicklung zum Ganztagsunterricht für neue Formen der individuellen

Arbeitsphasen zu nutzen. Sie ist Autorin des Buchs „Hausaufgaben: Helfen – aber wie?"[88] *und schreibt:* „Hausaufgaben gehören in unserem Schulsystem für viele zur Schule wie die Tafel zum Unterricht: unhinterfragbar, schon immer da gewesen, auch zukünftig vorhanden. Eine Ganztagsschule kann aber mit integrierten Übungsphasen (Lernzeiten) kreative und selbständige Formen des Übens möglich machen und diese sinnvoll und individuell auf Schülerinnen und Schüler zuschneiden".

Auch Thomas Markert, einer der Schulforscher von der TU Dresden, die sich mit der Rolle von Hausaufgaben in Zeiten der Ganztagsschule beschäftigen, findet klare Worte. „Wir sind immer noch in einer Gesellschaft, in der Schule noch recht traditionell als ‚Trichterschule' empfunden wird", sagt Markert. „Erzieherinnen kontrollieren manchmal in der Hausaufgabenbetreuung nicht nur, ob die Hausaufgaben bearbeitet werden, sondern auch, ob sie ordentlich und richtig sind. Sie wollen sich gegenüber den Eltern profilieren. Sie wollen zeigen, dass sie es geschafft haben, die Kinder zu fertigen Hausaufgaben zu erziehen." Es gehe also bei Hausaufgaben gar nicht immer nur um einen direkten Bezug zu Bildung und Unterricht. Die Aufgaben hätten auch etliche andere Funktionen, etwa als indirektes Kommunikationsmittel der Lehrerinnen und Lehrer, um den Eltern zu vermitteln, was gerade im Unterricht behandelt wird. Man könne dieses Geflecht von Erwartungen an die Hausaufgaben schon auflösen, sagt Thomas Markert, brauche dafür allerdings viel Kommunikation: „Meiner Meinung nach ist das möglich, wenn hierzu ein Austausch zwischen Lehrerinnen und Lehrern, den pädagogischen Fachkräften, aber auch zwischen den Eltern und den Kindern stattfindet." Markert fordert dafür ein generelles Umdenken in Richtung partnerschaftlicher Kommunikation: „Dabei müssen sich die Beteiligten von der Denkweise lösen, dass der Lehrer weiß, welche Aufgaben Kinder brauchen", so der Bildungsforscher. Stattdessen müssten die Aufgaben und Angebote mit den Kindern ausgehandelt werden. Das erfordert natürlich ein ganz anderes Selbstverständnis und eine ganz andere Haltung – vor allem bei Lehrerinnen und Lehrern, aber auch bei weiteren pädagogischen Profis, die mit den Schülerinnen und Schülern zu tun haben, und bei den Eltern. Genau über diese Rolle der Aufgaben nachzudenken, das drängt sich beim Einstieg in ein Ganztagsschulkonzept regelrecht auf.

„Meiner Meinung nach hat der Begriff Hausaufgabe an der Ganztagsschule nichts mehr zu suchen", sagt auch Jutta Vogel, die seit Jahren in der Lehreraus- und -weiterbildung und als Fortbildnerin arbeitet: „Die klassische Hausaufgabe – eine Aufgabe, die zu Hause zu erledigen ist und möglichst noch für alle gleich gestellt wird – müsste langsam ausgedient haben. Demzufolge ist die Frage nach der Funktion für mich hinfällig. Ich gehe eher davon aus, dass sich die Unterrichtskultur dahingehend verändern muss, dass diese Form des Lernens nicht mehr nötig ist." Wenn eine Schule zur Ganztagsschule werde, dann bleibe zunächst einmal das Kerngeschäft erhalten, nämlich die Vermittlung von Wissen und die Gestaltung von Unterricht entsprechend den jeweils gültigen Rahmenplänen. Dieser Unterricht selbst aber, so Jutta Vogel, verändere sich mit der Umwandlung in eine Ganztagsschule erheblich: „Die Hauptfunktion, die man früher der Hausaufgabe zugeschrieben hat – also das Vertiefen, das Üben – muss in den Unterricht integriert werden. Da aber vor allem Lerntempi und auch die Wahl der Lernpartner die Individualisierung ausmachen, sollte es darüber hinaus Zeiten geben, in denen Kinder entsprechend ihrer Bedürfnisse gefördert werden – entweder durch ein vertiefendes Arbeiten am Stoff, am Inhalt und am Wissen oder aber durch Enrichment-Angebote." Dahinter verbergen sich zusätzliche, aber nicht verpflichtende Lernangebote für die Schülerinnen und Schüler. Das, so Jutta Vogel, sei wichtig, um den Kindern die Möglichkeit zu geben, über die Vorgaben des Rahmenplans hinaus zu lernen „und dabei entweder allein vorzugehen – wenn das ihre bevorzugte Art des Lernens ist – oder aber mit anderen gemeinsam, zum Beispiel im Sinne des Schüler-Mentorings", wenn sich Schüler also gegenseitig Dinge beibringen. Denn eins ist für die Fortbildnerin klar: „Wenn sich das, was in der Zeit stattfindet, nicht verändert, reicht es nicht aus, lediglich mehr Zeit zur Verfügung zu stellen."

Mehr vom bisher bekannten Unterricht macht also aus einer Halbtags- noch keine gute Ganztagsschule. Und mehr Hausaufgaben alten Stils machen aus diesen Aufgaben noch kein wirksames pädagogisches Instrument. Wer den Schritt des fast kompletten strategischen Umbaus einer Schule geht, der sollte auch im Hausaufgabenbereich wirklich Neues wagen – sonst ist bald schon die Enttäuschung über die vertane Chance riesengroß.

Schlusswort

Flüchtlingsdrama, Euro-Krise, Wirtschafts-, Bildungs- oder Sozialpolitik: Immer, wenn es irgendwo größere politische Debatten gibt, dann dauert es nicht lange, bis ein Kontrahent dem anderen mit großem Pathos empfiehlt, doch bitteschön endlich einmal „seine Hausaufgaben zu machen". Eine Redewendung, die aussagen soll: Wer seine von einem anderen verhängten Hausaufgaben nicht macht, gehört nicht dazu, wird ausgeschlossen von der weiteren Debatte, kann eigentlich nicht mehr ernst genommen werden. Darin steckt eine implizite, oberlehrerhafte Drohung – und diese Drohung verrät unglaublich viel darüber, wie Hausaufgaben in unserem Bildungssystem erlebt werden: als Disziplinierungs- und Selektionsinstrument, das denjenigen, der die Hausaufgaben zu machen hat, ganz auf sich zurückwirft. Ohne Hilfe muss er die aufgegebenen Probleme lösen, damit er wieder dazugehören darf. Wer an dieser münchhausenhaften Herausforderung scheitert, hat sein weiteres Dabeisein verwirkt. Man könnte das fast als schwarze Pädagogik bezeichnen, und tatsächlich steckt in der Hausaufgabenpraxis in unseren Schulen jede Menge Demütigendes und Drohendes. Das hat, wie gezeigt wurde, viel mit der unklaren und größtenteils völlig überfrachteten Erwartungshaltung zu tun, die von Lehrerinnen und Lehrern, aber auch Eltern an die Hausaufgaben gestellt werden – und damit, dass sie als lästiges Anhängsel des Unterrichts verstanden werden. Und nicht als möglichst integrierte Arbeitsphase anderer Art, die von den Schülern zu Hause eben auch nicht unbedingt geleistet werden kann.

Es hat aber auch mit unklaren politischen Vorgaben zu tun. Wenn zahlreiche Schulgesetze und -erlasse sinngemäß formulieren, dass Hausaufgaben etwa während der Schulferien grundsätzlich nicht gestattet sind, dann aber windelweiche Ausnahmeregelungen einbauen, trägt das überhaupt nicht zur Klärung bei. So heißt es etwa im NRW-Schulgesetz: „Hausaufgaben während der Schulferien sind nur in Ausnahmefällen und auf freiwilliger Basis möglich, z. B. wenn im Schuljahr bei einer Schülerin oder einem Schüler große Fehlzeiten aus Krankheitsgründen vorliegen und die Aufgaben dazu dienen sollen, versäumten Unterrichtsstoff nachzuarbeiten, um so die weitere Mitarbeit sicherzustellen. Ansonsten sind Hausaufgaben während der Ferien unzulässig." Entscheidend ist hier die Formulierung „auf freiwilliger Basis": Der Begriff ist dermaßen dehnbar, dass sich im Zweifelsfall jeder Lehrer darauf berufen kann, es habe ein Gespräch mit dem Schüler gegeben, in dem dieser sich „auf freiwilliger Basis" zum Lesen eines bestimmten Buches, zum Durcharbeiten mehrerer Lektionen im Lehrbuch oder zum Schreiben eines Aufsatzes verpflichtet habe.

In der Verantwortung stehen schließlich aber auch die Eltern, die – häufig genug – überehrgeizig jede freie Minute ihrer Kinder verplanen und bei den Hausaufgaben einen überzogenen Leistungsdruck aufbauen. Die Kinder haben so kaum eine Chance, tatsächlich herauszufinden, wie sie ihre individuellen Lernphasen am besten nutzen – ob zu Hause am Küchentisch oder in den Trainingsstunden an der Schule, im Hort oder in der gemeinsamen Lerngruppe mit Gleichaltrigen.

Klassische Hausaufgaben jedenfalls sind für den Lernerfolg ohne größere Bedeutung, wie zahlreiche Studien ergeben haben. Streichen wir sie also aus unserem Repertoire, entsorgen wir sie in die schulpädagogische Mottenkiste. Denn wenn wir die Hausaufgaben abschaffen, werden wir nicht nur glücklichere Schülerinnen und Schüler haben. Sondern auch Sie als Lehrerin oder Lehrer werden feststellen, dass Ihnen viele Stressfaktoren des Schulalltags plötzlich abhandengekommen sind.

Es ist nie zu spät für eine bessere Schule. Das Ende der Hausaufgaben könnte ein Anfang sein.

Und trotzdem gibt es jetzt, ganz zum Schluss, noch eine Hausaufgabe. Sie sorgte im Sommer 2015 für ziemliche mediale Aufmerksamkeit. Als „wahrscheinlich weltweit beste Hausaufgabe für die Sommerferien" wurde sie beispielsweise von der „Huffington Post" gefeiert und erteilt wurde sie in Italien. Dort gibt es dreimonatige Sommerferien – und dort ist es auch normal, dass die Schülerinnen und Schüler mit einer relativ lange To-do-Liste mit Hausaufgaben in den Sommer geschickt werden. Auch Cesare Catà, Oberstufenlehrer am Schulzentrum „Don Bosco" in der Stadt Fermo in der Region Marken, hat sich eine solche Liste für seine Schüler ausgedacht. 15 Punkte umfasst sie und verteilt hat er sie am letzten Schultag vor den großen Ferien.

1. Geht morgens ab und zu ganz alleine am Strand spazieren: Schaut, wie sich die Sonne auf dem Wasser spiegelt. Denkt an die Dinge, die ihr am meisten liebt in eurem Leben – und seid glücklich.

2. Versucht, all die neuen Begriffe, die ihr dieses Jahr gemeinsam gelernt habt, so oft wie möglich zu verwenden: Je besser ihr euch ausdrücken könnt, desto besser könnt ihr denken und je besser ihr denken könnt, desto freier seid ihr.

3. Lest, wann immer ihr könnt – aber nicht, weil ihr es müsst. Lest, weil euch der Sommer zu Abenteuern und Träumen inspiriert und weil euch das Lesen ein Gefühl vermittelt, wie es fliegende Schwalben haben. Lest, weil es die beste Form der Revolte ist, die ihr habt. (Wenn ihr Buchempfehlungen braucht, wendet euch an mich).

4. Vermeidet alle Dinge, Situationen und Personen, die euch runterziehen oder klein halten: Sucht anregende Situationen und die Gesellschaft von Freunden, die euch bereichern, euch verstehen und euch so schätzen, wie ihr seid.

5. Wenn ihr traurig oder ängstlich seid, macht euch keine Sorgen: Wie alle wundervollen Dinge versetzt der Sommer die Seele in Aufruhr. Versucht, Tagebuch zu schreiben, um festzuhalten, wie es euch geht (wenn ihr wollt, lesen wir es im September gemeinsam).

6. Tanzt. Ohne Scham. Auf der Tanzfläche neben den Boxen oder alleine in eurem Zimmer. Der Sommer ist ein Tanz und es wäre dumm, nicht mitzutanzen.

7. Schaut euch mindestens einmal den Sonnenaufgang an. Schweigt und atmet. Schließt die Augen und seid dankbar.

8. Macht viel Sport.

9. Wenn ihr eine Person trefft, die euch gefällt, sagt es ihr mit aller Ehrlichkeit und Offenheit, die ihr in euch habt. Es ist egal, ob er oder sie es versteht. Wenn nicht, ist er oder sie nicht für euch bestimmt. Ansonsten wird der Sommer 2015 das Firmament, unter dem ihr gemeinsam wandelt.

10. Schaut euch eure Aufzeichnungen aus unserem Unterricht an: Hinterfragt jeden Autor und jedes Konzept und wendet die Ergebnisse auf euer eigenes Leben an.

11. Strahlt fröhlich wie die Sonne, seid unzähmbar wie das Meer.

12. Verwendet keine Kraftausdrücke und verhaltet euch immer wohlerzogen und höflich.

13. Schaut Filme mit herzzerreißenden Dialogen (nach Möglichkeit auf Englisch), um eure sprachlichen Fähigkeiten und die Fähigkeit, zu träumen, zu verbessern. Schaut euch den ganzen Film bis zum Abspann an. Verinnerlicht das Gesehene, während ihr euren Sommer lebt.

14. Im gleißenden Licht oder in heißen Nächten: Träumt davon, wie euer Leben sein soll und sein kann. Sucht im Sommer nach der Kraft, nie aufzugeben. Und tut alles, um nach diesem Traum zu streben.

15. Bleibt anständig.

COMPITI per l'ESTATE 2015

Scienze Umane

Licco delle Scienze Umane „Don Bosco" - Fermo

1. Al mattino, qualche volta, andate a camminare sulla riva del mare in totale solitudina: guardate come vi si riflette il sole e, pensando alle cose che più amate nella vita , sentitevi felici.
2. Cercate di usare tutti i nuovi termini imparati insieme quest´anno: più cose potete dire più cose potete pensare; e plù cose potete pensare, più siete liberi
3. Leggete, quanto più potete. Ma non perchè dovete. Leggete perchè l'estate vi ispira avventure e sogni, e leggendo vi sentite simili a rondini in volo. Leggete perché è la migliore forma di rivolta che avete (per consigli di lettura, chiedere a me)
4. Evitate tutte le cose, le situazioni e le persone che vi rendono negativi o vuoti: cercate situazioni stimolanti e la compagnia di amici che vi arricchiscono, vi comprendono e vi apprezzano per quello che siete.
5. Se vi sentite tristi o spaventati, non vi preoccupate: l´ estate, come tutte le cose meravigliose, mette in subbuglio l'anima. Provat a scrivere un diario per raccontare il vostro stato (a settembre, se vi va, ne leggeremo insieme)
6. Ballate. Senza vergogna. In pista sotto casa, o in camera vostra. L'estate è una danza. ed è sciocco non farne parte
7. Almeno una volta, andate a vedere l' alba. Restate in silenzio e respirate. Chiudete gli occhi, grati.
8. Fate molto sport.
9. Se trovate una persona che vi incanta, diteglielo con tutte la sinceritò e la grazia di cui siete capaci. Non importa se lui/lei capirà o meno. Se non lo farà, lui/lei non era il vostro destino: altrimenti, l` estate 2015 sarà la volta dorata sotto cui camminare insieme.
10. Riguardate gli appunti delle nostre lezioni: per ogni autore e ogni concetto fatevi domande e rapportatele a quello che vi succede.
11. Siate allegri come il sole, indomabili come il mare.
12. Non dite parolacce, e siate sempre educatissimi e gentili.
13. Guardate film dai dialoghi struggenti (possibilmente in lingua inglese) per migliorare la vostra competenza linguistica e la vostra capacità di sognare. Non lasiate che il film finisca con i titoli di coda. Rivivetelo mentre vivete la vostra estate.
14. Nella luce sfavillante o nelle notti calde, sognate come dovrà e potrà essere la vostra vita: nell` estate cercate la forza per non arrendervi mai, e fate di tutto per perseguire quel sogno.
15. Fate i bravi.

Bildquelle: https://www.facebook.com/photo.php?fbid=10153422555022948&set=a.10152507511307948.1073741827.557432947&type=1

78 http://www.spiegel.de/spiegel/print/d-14337317.html; hieraus auch die folgenden Zitate und Beispiele, sofern nicht anders angegeben.

79 Gerd Busse / Gerhard Ströhlein: Hausaufgaben im Lernbereich Gesellschaft – dargestellt am Beispiel Geographie, in: Dietrich von Erschau (Hrsg.): Hausaufgaben als Lernchance. Zur Verknüpfung schulischen und außerschulischen Lernens, München 1979, S. 131-148

80 Gesprächskreis Bildungsplanung: Ganztagsschulen. Überlegungen und Empfehlungen zur Ganztagsschule. In: Informationen Bildung Wissenschaft (BMBW), Heft 5/1980, S. 86-91

81 vgl. http://www.news4teachers.de/2012/10/grose-schulreform-frankreich-will-hausaufgaben-abschaffen/

82 vgl. http://derstandard.at/1350258702567/Frankreich-vor-Abschaffung-der-Hausuebung

83 vgl. http://www.ots.at/presseaussendung/OTS_20121018_OTS0058/schuelerunion-hausuebungen-abschaffen-ist-keine-loesung

84 vgl. http://www.dingolfing.org/members/schulamt/infos/hausaufgaben.pdf

85 vgl. http://test.liebfrauenschule.info/projekte/lernzeiten/

86 http://www.sachsen-macht-schule.de/schule/download/download_smk/gta_wiss_begleit.pdf, S. 5

87 vgl. http://www.ganztaegig-lernen.de

88 Britta Kohler: Hausaufgaben: Helfen – aber wie? Weinheim / Basel 2002 (6., vollständig überarbeitete Neuaufl.). http://d-nb.info/965699056

Armin Himmelrath (* 1967) ist freier Bildungs- und Wissenschaftsjournalist und Moderator. Nach seinem Lehramtsstudium (Deutsch und Sozialwissenschaften) arbeitet er heute u. a. für Spiegel / SpiegelOnline, Deutschlandradio sowie den WDR und ist Mitglied im »Netzwerk Bildungsjournalismus«. Außerdem unterrichtet er als Lehrbeauftragter an mehreren Universitäten und hat verschiedene Bücher zu Bildungsthemen verfasst. Beim hep Verlag ist von Armin Himmelrath erschienen: »Amokdrohungen und School-Shootings. Vom Phänomen zur praktischen Prävention« (zusammen mit Sarah Neuhäuser).

Ausgewählte und kommentierte Literaturhinweise

Tina Hascher / Franziska Bischof: Integrierte und traditionelle Hausaufgaben in der Primarstufe – ein Vergleich bezüglich Leistung, Belastung und Einstellungen zur Schule. In: Psychologie in Erziehung und Unterricht, Ausgabe 47/ 2000, S. 252-265

Wissenschaftliche Auswertung eines mehrjährigen Versuchs in der Schweiz, bei dem ein Kanton komplett auf Hausaufgaben verzichtete. Im Vergleich mit anderen Schülern zeigte sich, dass sich die Schüler ohne Aufgaben geringer belastet fühlten und höher motiviert waren als ihre Altersgenossen, die nachmittags noch Hausaufgaben erledigen mussten.

John Hattie (mit Wolfgang Beywl und Klaus Zierer): Bildung sichtbar machen. Battmannsweiler 2013; im Original 2009 als „Visible Learning" erschienen.

Hatties Metastudie gilt seit ihrem Erscheinen als Bibel der evidenzbasierten Bildungsforschung. Der Autor berücksichtigt dabei auch Studien zum Lerneffekt von Hausaufgaben; das Thema stellt bei ihm jedoch nur einen Randaspekt dar. Hattie schreibt den Aufgaben einen moderaten Lerneffekt zu.

Axel Key: School Life in Relation to Growth and Health. In: Popular Science Monthly, Ausgabe 38, November 1890. https://en.wikisource.org/wiki/Popular_Science_Monthly/Volume_38/November_1890/School_Life_in_Relation_to_Growth_and_Health

Eine der frühesten wissenschaftlichen Studien, in denen auch Hausaufgaben eine Rolle spielen. Key beschäftigt sich grundsätzlich mit der Gesundheit von Schulkindern und der zeitlichen Belastungen, denen Schüler aus wissenschaftlicher Sicht höchstens ausgesetzt sein sollten.

Klaus Klemm / Annemarie Klemm: Ausgaben für Nachhilfe – teurer und unfairer Ausgleich für fehlende individuelle Förderung. Gütersloh 2010. http://www.bertelsmann-stiftung.de/fileadmin/files/BSt/Publikationen/GrauePublikationen/GP_Ausgaben_fuer_Nachhilfe.pdf

Die Autoren haben für die Bertelsmann-Stiftung den deutschen Nachhilfemarkt unter die Lupe genommen und zeigen, wie stark das sozioökonomische Umfeld den Bildungserfolg beeinflusst, wenn schulische Aufgaben ins häusliche Umfeld verlagert werden.

Frank Lipowsky: Literaturliste zum Thema Hausaufgaben. Stand 2005: http://www.aktion-humane-schule.de/Literatur_HA.pdf

Der Erziehungswissenschaftler Frank Lipowsky hat im Auftrag der „Aktion Humane Schule" eine Literaturliste zum Thema Hausaufgaben erstellt.

Ilse Nilshon: Hausaufgaben und selbständiges Lernen. Hrsg. vom Deutschen Jugendinstitut München, 1999. http://www.ssg-bildung.ub.uni-erlangen.de/Hausaufgaben_und_selbstaendiges_Lernen.pdf oder http://www.dji.de/fileadmin/user_upload/bibs/77_projektheft1.pdf

Inge Nilshons Studie, die kostenlos als Download zur Verfügung steht, ist einer der besten und umfassendsten wissenschaftshistorischen Überblicke über die Hausaufgabendiskussion und bezieht etliche Untersuchungen zum Thema mit ein. Wer sich einen historischen Überblick verschaffen möchte, ist hiermit gut bedient.

Martina Nieswand: Hausaufgaben yapmak, Bad Heilbrunn 2013

Spannende Fallstudie, für die die Autorin mehrere Familien mit Migrationshintergrund begleitet hat, um zu sehen, wie mehrsprachige Familien mit Hausaufgaben umgehen.

OECD: PISA in focus, Nr. 46. http://www.keepeek.com/Digital-Asset-Management/oecd/education/does-homework-perpetuate-inequities-in-education_5jxrhqhtx2xt-en#page1

Sonderauswertung des PISA-Leistungsvergleichs im Hinblick auf die Wirkung von Hausaufgaben.

Jutta Standop: Hausaufgaben in der Schule: Theorie, Forschung, didaktische Konsequenzen. Bad Heilbrunn 2013

Eine aktuellere Veröffentlichung, die die Rolle der Hausaufgaben im Kontext der Ganztagsschuldebatte beleuchtet und die Frage aufwirft, ob Hausaufgaben nicht besser im schulischen Umfeld erledigt werden sollten.

Bernhard Wittmann: Vom Sinn und Unsinn der Hausaufgaben. Neuwied 1964

Eine spannende, mittlerweile über 50 Jahre alte Studie, die dennoch nichts von ihrer Relevanz für die Hausaufgabendiskussion von heute verloren hat. Wittmann untersucht darin den Lerneffekt von Hausaufgaben – und kommt zu dem Ergebnis, dass es ihn nicht gibt.

Weitere Literaturhinweise und Links finden Sie in den Fußnoten der einzelnen Buchkapitel.

Abbildungsnachweis

S. 13, Cover der Spiegelausgabe 12/1982 „Schularbeiten – Albtraum der Familie" © DER SPIEGEL 12/1982

S. 23, Axel Key, Porträtfoto © National Library of Sweden

S. 143 und Umschlagrückseite, Armin Himmelrath, Porträtfoto © Armin Himmelrath